Prof. Dr. Michael Neumann

Prof. Dr. Nathali T. Jänicke

Katharina Pape

unter Mithilfe von

Helen Eggers, Kristina Rajf und Lisa Rodenberg

Lektorat: Dipl.-Oec. Laura Indefrey

Ursachen für die Überschreitung der Regelstudienzeit sowie für ungewollte Studienabbrüche

Projektabschlussbericht

Wilhelmshaven

Februar 2017

VERLAG TREDITION

Tredition GmbH

Grindelallee 188 • 20144 Hamburg • Telefon: +49 (0)40 / 41 42 778-00 • Telefax: +49 (0)40 / 41 42 778-01

info@tredition.de • www.tredition.de

Bibliografische Information der Deutschen Nationalbibliothek
Die Deutsche Nationalbibliothek verzeichnet diese Publikation in der Deutschen Nationalbibliografie; detaillierte bibliografische Daten sind im Internet über http://dnb.d-nb.de abrufbar.

ISBN 978-3-7439-4320-9   Hardcover
ISBN 978-3-7439-4319-3   Paperback
ISBN 978-3-7439-4321-6   e-Book

Kontakt:
Prof. Dr. Michael Neumann
Prof. Dr. Nathali T. Jänicke
Jade Hochschule Wilhelmshaven
Friedrich-Paffrath-Straße 101
26389 Wilhelmshaven

Telefon: 04421-985-2964 • 04421-985-2140
E-Mail: michael.neumann@jade-hs.de • nathali.jaenicke@jade-hs.de

Inhaltsverzeichnis

Danksagung

Wir bedanken uns bei allen, die direkt oder indirekt zum Gelingen dieser Arbeit beigetragen haben. Ohne ihr Mitwirken wäre dieses Forschungsprojekt nicht möglich gewesen.

Unser besonderer Dank gilt Frau Ulrike Sunken für die tatkräftige und engagierte Unterstützung bei der Gestaltung und Erstellung des Fragebogens sowie der späteren Verarbeitung und Auswertung aller Daten und der organisatorischen Unterstützung in diesem Bereich.

Außerdem gilt unser Dank allen Befragten und Interviewten, die uns offen und ehrlich einen Einblick in ihr Studienerlebnis gewährt haben. Wir danken ihnen, dass sie sich die Zeit für längere, detaillierte Interviews genommen haben, und für die zahlreiche Teilnahme bei der quantitativen Befragung in den Präsenzveranstaltungen sowie bei der Online-Befragung. Ihre Meinungen und Erfahrungen sind der wichtigste Baustein für unsere Ergebnisse.

Ebenfalls möchten wir uns bei den Fachbereichen Management, Information, Technologie (MIT) sowie Wirtschaft für die gute Zusammenarbeit während der Durchführung der Studie bedanken.

Nicht unerwähnt bleiben soll hier auch die Förderung von Seiten der Jade Hochschule, welche die Beschäftigung der im Rahmen des Projektes tätigen studentischen Hilfskräfte Helen Eggers, Katharina Pape, Kristina Rajf und Lisa Rodenberg finanzierte. Ohne die Beteiligung der studentischen Hilfskräfte wäre die Durchführung des Projektes in dieser Form nicht möglich gewesen. Auch ihnen gebührt unser herzlicher Dank!

Abbildungsverzeichnis

Tabellenverzeichnis

Abkürzungsverzeichnis

Arbeitsorga.	Arbeitsorganisation
BWL	Betriebswirtschaftslehre
B. A.	Bachelor of Arts
CP	Credit Points
EvaSyS	Evaluationssoftware für automatisierte Befragungen
FB	Fachbereich
HZB	Hochschulzugangsberechtigung
mind.	mindestens
MIT	Management, Information, Technologie (Fachbereich)
MWJ	Medienwirtschaft und Journalismus
SAP	Unternehmen (Systeme, Anwendungen und Produkte in der Datenverarbeitung)
SPSS	Marke der Softwarefirma IBM (Statistik- und Analyse-Software, Statistical Package for the Social Sciences)
VL	Vorlesung
Wiss. Arbeiten	Wissenschaftliches Arbeiten

1. Einleitung

Wenn Studierende zu Langzeitstudierenden werden, ist dies zumeist ein Ärgernis für die betroffene Hochschule, weil Ressourcen gebunden werden, für das Land, weil es die Studienplätze finanzieren muss, und auch für die Studierenden selbst, weil die Studierenden erstens (abhängig von den Regeln des Landes) Langzeitstudierendengebühren zahlen müssen und zweitens, weil die erhöhte Dauer des Studiums sich negativ auf ihre weiteren Karrierechancen auswirkt. Es ist erwiesen, dass Verzögerungen im Studium eine erheblich negative Auswirkung auf das Gehaltsniveau der jungen Arbeitnehmerinnen und Arbeitnehmer[1] haben. So zeigt eine Studie von Brodaty et al. (2009) bei der Befragung von ca. 27.000 jungen Menschen, dass ein Jahr Verzögerung im Studium im Durchschnitt einen 9-prozentigen Rückgang der Lohnhöhe in den ersten fünf Jahren bewirkt. Die Gründe sind schnell erklärt: Arbeitssuchende erwerben mit dem Studienabschluss spezielle Merkmale, die relevante Informationen über ihre Fähigkeiten in Form von Zertifikaten als Signale an die Arbeitgeberinnen und Arbeitgeber senden. Die Arbeitgeber_innen können mit den Informationen, die sie aus den Zertifikaten gewinnen, die Arbeitssuchenden auswählen, die ihren Bedürfnissen am nächsten kommen. Mit einem Hochschulabschluss signalisieren die Arbeitssuchenden einschlägige Fähigkeiten, Intelligenz und spezielle Fachkenntnisse. Eine kurze Studiendauer spricht zudem für Disziplin und Zielstrebigkeit der Absolvent_innen. Noch problematischer ist es für die Karriere von Studierenden, wenn sie ihr Studium ungewollt vorzeitig abbrechen müssen.

Das Forschungsprojekt soll die Ursachen für Überschreitungen der Regelstudienzeit sowie für ungewollte Studienabbrüche mittels einer empirischen Analyse an den Fachbereichen MIT und Wirtschaft der Jade Hochschule analysieren. Ziel ist es, aus der Ursachenanalyse konkrete Handlungsempfehlungen abzuleiten, welche der Hochschule und den Studierenden helfen sollen, ein Überschreiten der Regelstudienzeit oder einen ungewollten Abbruch zu vermeiden. Zielgruppen der Analyse sind dabei insbesondere Studierende mit voraussichtlich deutlicher Überschreitung der Regelstudienzeit sowie Langzeitstudierende.

Das Projekt ist im Mehrmethodendesign durchgeführt worden. In der ersten qualitativen Phase wurden mithilfe von leitfadengestützten Interviews (Hinter-)Gründe und Ursachen der Schwierigkeiten, ein Studium erfolgreich in Regelstudienzeit abzuschließen, erforscht. Ziel hierbei war es, ein tiefgehendes Verständnis für das Überschreiten der Regelstudienzeit zu entwickeln und entsprechende Hypothesen für die quantitative Analyse zu generieren. Die Interviewten wurden von den im Rahmen des Projektes beschäftigten Studierenden befragt. Die Befragten setzten sich zusammen aus Langzeitstudierenden, Studierenden, welche die Regelstudienzeit voraussichtlich überschreiten werden, und einer Kontrollgruppe, die die Regelstudienzeit höchstwahrscheinlich einhalten wird. In der zweiten Phase des Projektes sind die herausgefundenen möglichen Ursachen in einer Pencil- and Paper-Befragung untersucht worden, um die wesentlichen

---

[1] Im Interesse einer besseren Lesbarkeit wird nicht immer ausdrücklich in geschlechtsspezifischen Personenbezeichnungen differenziert. So wird zum Beispiel die Gruppe der „Überschreiter" im Text definiert. Die gewählte männliche Form schließt eine adäquate weibliche Form gleichberechtigt ein, um die Lesbarkeit zu erleichtern. Weitestgehend wird jedoch eine gendergerechte Formulierung verwendet.

Gründe quantifizieren zu können. Aus der Ursachenanalyse wurden zum Schluss konkrete Handlungsempfehlungen abgeleitet.

Das Forschungsprojekt wurde unter Mitarbeit von studentischen Hilfskräften der Fachbereiche Wirtschaft und MIT durchgeführt. Diese waren sowohl an der konzeptionellen Entwicklung der Untersuchung beteiligt als auch an der Analyse und der Erstellung des Abschlussberichts.

Im vorliegenden Bericht werden in Kapitel 2 die wesentlichen Konzepte und Definitionen erläutert. In Kapitel 3 wird zur Einordnung in den Stand der Forschung ein Überblick über ähnliche Studien an anderen Hochschulen gegeben. In Kapitel 4 werden die Situation an der Jade Hochschule sowie der Aufbau der untersuchten Studiengänge erläutert. In Kapitel 5 werden die Vorgehensweise und Ergebnisse der qualitativen Analyse aufgeführt. Die quantitative Analyse wird in Kapitel 6 präsentiert. Der Bericht schließt mit wesentlichen Handlungsempfehlungen (Kapitel 7) und einem Fazit mit Ausblick (Kapitel 8).

2. Die zentralen Definitionen der Studie

Im Rahmen der Studie stellen Studierende, welche die Regelstudienzeit deutlich überschreiten, für die Studie die zentrale Gruppe dar. Die **Regelstudienzeit** wird innerhalb der Prüfungsordnung für jeden einzelnen Studiengang festgelegt. In der Hochschulstatistik der Jade Hochschule werden Studierende im Bachelor-Studiengang dann als **Langzeitstudierende** aufgeführt, wenn ihre Regelstudienzeit um sechs Semester überschritten wird. Befinden sich die Studierenden in einem Master-Studiengang, so gelten sie als Langzeitstudierende, wenn sie die Regelstudienzeit zusätzlich um das Doppelte der Regelstudienzeit des Master-Studiengangs überschreiten. In diesen Fällen zahlen die Studierenden Langzeitstudiengebühren. Eine Liste von 151 Studierenden mit Langzeitstudiengebühren stand im Rahmen des Projekts zur Verfügung. Alle Studierenden auf dieser Liste wurden per E-Mail persönlich angeschrieben, um sie für ein Interview zu gewinnen.

Dass sich nur wenige Studierende auf dieses persönliche Anschreiben melden würden, wurde vorab vom Autorenteam erwartet. Hierfür lassen sich mehrere Gründe anführen:

> - Das E-Mail-Postfach der Hochschule wird nicht mehr aufgerufen, da das Studium nicht mehr Lebensmittelpunkt der Studierenden ist.
> - Die Ursachen für das Langzeitstudium sehen die Studierenden als ihre Privatsache an, möglicherweise empfinden sie diese als peinlich.
> - Die Studierenden geben der Hochschule eine Mitschuld und verweigern daher die Kooperation.
> - Die Studierenden sehen die Ursachen im privaten Bereich und denken daher, dass sie in einem Interview dem Projektziel nicht dienlich sein können.
> - Die Studierenden bringen zu wenig Interesse für dieses Thema auf, um sich zu einem persönlichen Gespräch bereit zu erklären.
> - Die Studierenden haben Bedenken, sich für den Verlauf ihres Studiums und den damit verbundenen getroffenen Entscheidungen rechtfertigen zu müssen.

Ähnlich angelegte Studien wie beispielsweise die von Fries/Steinitz (2003) haben bei ihren Befragungen Langzeitstudierender ebenfalls nur eine geringe Anzahl an Rückmeldungen auf persönliche Anschreiben (in ihrer Studie fünf Rückmeldungen) erhalten.

In der Auswertung für die vorliegende Studie wurden daher alle Studierenden, die das elfte Hochschulsemester erreicht oder überschritten haben, bereits in die Gruppe *„Langzeitstudierende (im weiteren Sinne)"* eingestuft.

„Langzeitstudierende im engeren Sinne" sind im Folgenden definiert als jene Studierende, welche Langzeitstudiengebühren an das Land Niedersachsen zahlen. Sie wurden alle persönlich per E-Mail angeschrieben.

Von den Langzeitstudierenden im engeren Sinne konnten sechs für ein qualitatives Interview und zwölf für ein quantitatives Interview gewonnen werden.

Die Anzahl der Langzeitstudierenden, die an der Befragung teilnahmen, ist für eine statistisch abgesicherte Ursachenforschung zu klein. Daher wurde auch die Gruppe der Studierenden, die bereits außerhalb der Regelstudienzeit studieren oder kennen lassen, dass sie die Regelstudienzeit deutlich überschreiten oder ihr Studium nicht erfolgreich beenden (ungewollter Abbruch) werden, in die Analyse einbezogen.

Studierende, welche die Regelstudienzeit voraussichtlich um einige Semester überschreiten werden, jedoch noch keine Langzeitstudierende sind und dies möglicherweise auch nicht werden, werden im Folgenden als die Gruppe der „*Überschreiter*" beschrieben. Es handelt sich hierbei um Studierende, die sich im siebten bis zehnten Semester befinden.

Als **Kontrollgruppe** wurden diejenigen Studierenden befragt, die ihr Studium voraussichtlich in der Regelstudienzeit absolvieren werden. Diese dienen als Vergleichsgruppe, um mögliche Unterschiede zwischen dieser Gruppe und den Gruppen der Überschreiter und der Langzeitstudierenden aufzudecken.

Nicht separat befragt werden konnten im Rahmen der Studie tatsächliche **Studienabbrecher_innen**. Gründe für einen ungewollten Studienabbruch können sich daher nur aus den Antworten jener Studierenden ergeben, welche die Regelstudienzeit überschreiten und dabei Schwierigkeiten mit einem zügigen Studienabschluss aufweisen. Die Gruppen der ungewollt die Regelstudienzeit überschreitenden und der vorzeitig abbrechenden Studierenden werden dabei als homogen unterstellt.

3. Die Einordnung in den Stand der Forschung

3.1 Empirische Analysen zu Erfolgsfaktoren im Hochschulstudium

In Deutschland gibt es bereits empirische Untersuchungen zu den Erfolgsfaktoren eines Hochschulstudiums. So haben Giese et al. (2013) mit einem Datensatz von 263 Studierenden der Betriebswirtschaft an der jetzigen Ernst-Abbe-Hochschule Jena herausgefunden, dass die Studienabschlussnote von der in der allgemeinbildenden Schule erreichten Durchschnitts-Schulnote, der Einhaltung der Regelstudienzeit und einer eventuellen Tätigkeit als studentischer Hilfskraft abhängt. Es ist zu vermuten, dass insbesondere die Hochschulzugangsberechtigungsnote (HZB-Note) auch einen Einfluss auf die Wahrscheinlichkeit hat, in den untersuchten Fächern an der Jade Hochschule die Regelstudienzeit deutlich zu überschreiten.

Auch zum Thema Langzeitstudium wurden an anderen Hochschulen bereits Untersuchungen durchgeführt. Allerdings sind die den Verfassern dieses Berichtes vorliegenden Studien bereits älteren Datums. Konkret stehen für Vergleiche die Daten des Fachbereichs Wirtschaft der Fachhochschule Hannover aus dem Jahr 2002 (Bienert, 2002), der evangelischen Fachhochschule Hannover des Jahres 2005 (Terbuyken, 2005) sowie des Institutes für deutsche Sprache und Linguistik der Humboldt-Universität der Jahre 2001/2002 zur Verfügung (Fries/Steinitz, 2003). Diese Studien unterscheiden sich in einigen wesentlichen Punkten von der vorliegenden Studie. Die Ergebnisse von Bienert (2002) beziehen sich nur auf einen Fachbereich, die Ergebnisse von Terbuyken (2005) und Fries/Steinitz (2003) sogar ausschließlich auf einzelne Studiengänge, namentlich auf *Sozialwesen* und *Germanistische Linguistik*.

3.2 Die Studie des Fachbereichs Wirtschaft der Fachhochschule Hannover

Die Arbeitsgruppe der Studie „BWL-Studium in Regelstudienzeit? - Eine empirische Untersuchung der Gründe langer Studienzeiten am FB Wirtschaft der Fachhochschule Hannover" hat zum Projektstart in mehreren Sitzungen durch Auswertung diverser Sekundärmaterialen wie z. B. Vordiplome/Diplome und Prüfungsergebnisse eine Reihe von Kernhypothesen aufgestellt (vgl. Bienert, 2002). Diese wurden in einer Befragung von Studierenden im Hauptstudium überprüft. Es wird im Bericht zur Studie außerdem von einer vorangehenden Befragung aus dem Januar 2002 gesprochen, an der N (Anzahl) = 122 Befragte teilgenommen haben. Diese wurde zu Vergleichszwecken von Bienert (2002) ebenfalls herangezogen und beschrieben. In der eigentlichen Befragung – durchgeführt im Juni 2002 – erhielt die Arbeitsgruppe einen Rücklauf der Fragebögen von N = 144. Die Fragebögen wurden in einem Befragungszeitraum von drei Wochen direkt in den Veranstaltungen ausgeben und im Sekretariat zur Mitnahme ausgelegt.

Die Befragten im Januar waren zu 57 Prozent männlichen Geschlechts, studierten überwiegend Wirtschaft und befanden sich zumeist im vierten bis siebten Fachsemester. Auch die Altersstruktur wurde abgefragt. Die Junibefragung wies ebenfalls einen männlichen Anteil der Befragten von 57 Prozent auf, welche zum Großteil im Studiengang Wirtschaft und im Studiengang BWL studierten. Außerdem wurden die Studierenden zu ihrem Alter und zu ihrem Vordiplom befragt. Folgende fünf Kernhypothesen wurden von Bienert (2002) mit dieser Stichprobe überprüft.

➤ Wenn die Studierenden mit einem Engpass-/Angstschein oder einer als subjektiv empfundenen besonders schweren Prüfung konfrontiert werden, dann trägt dies maßgeblich zur Verlängerung des Studiums bei.

Diese Hypothese wurde bestätigt. Bienert (2002) kommt zum Schluss, dass *Problemscheine* eine studienverlängernde Wirkung haben. Für drei Viertel der Studierenden existieren diese Problemscheine und verhindern einen flüssigen Studienverlauf.

➤ Wenn neben dem Studium zur Finanzierung des Lebensunterhalts einer Nebentätigkeit nachgegangen wird, dann kommt es eher zu einem Langzeitstudium.

Diese Hypothese wurde nicht bestätigt. Ca. 80 Prozent der befragten Studierenden gehen neben ihrem Studium einer Nebentätigkeit nach, und zwar sowohl in den Semesterferien als auch während der Vorlesungszeit. Es besteht jedoch trotz der vermeintlich hohen Arbeitsbelastung kein statistischer Zusammenhang mit einer verlängerten Studienzeit. Die Selbsteinschätzung der Studierenden ergibt, dass nur ca. ein Viertel von ihnen eine studienverlängernde Wirkung von Nebenjobs wahrnimmt.

➤ Wenn das Studium als Quereinstieg begonnen wird, dann ist ein Langzeitstudium wahrscheinlicher (Quereinsteiger_innen studieren länger).

Diese Hypothese wurde ebenfalls nicht bestätigt. Es wird festgehalten, dass unabhängig davon, ob es sich um eine Erstimmatrikulation oder um einen Quereinstieg handelt, 50 Prozent der Studierenden der Meinung sind, ihr Studium in der Regelstudienzeit zu absolvieren. Es wurde somit kein statistischer Zusammenhang nachgewiesen.

➤ Wenn *sozialen* Faktoren ein höherer Stellenwert gegenüber studiumsfokussierter Lebensausrichtung zugestanden wird, dann wird sich das Studium verzögern.

Diese Hypothese wurde eingeschränkt bestätigt. Bienert (2002) weist nach, dass für Studierende, die in der Regelstudienzeit ihr Studium abschließen, gute Noten und eine geringe Studiendauer von großer Bedeutung sind. Studierende, welche die Regelstudienzeit überschreiten, sprechen wiederum den *sozialen Dingen* im Leben einen hohen Stellenwert zu. Dies sei jedoch für die Hochschule ein externer Faktor, der von ihr nur schwer beeinflussbar sei.

➤ Wenn die Studierenden ein schlechtes Prüfungsmanagement aufweisen, dann kommt es eher zum Fall eines Langzeitstudiums.

Die Hypothese konnte bei der Auswertung der Daten bestätigt werden. Bienert (2002) zeigt, dass Regelstudienzeit-Studierende eine bessere Prüfungsplanung und -durchführung aufweisen. Sie fühlen sich besser informiert als Studierende, welche die Regelstudienzeit überschreiten. Bienert (2002) hält fest, dass eine Verbesserung des Prüfungsmanagements im gesamten Fachbereich nötig sei. In der Junibefragung wurde deutlich, dass 43 Prozent der Befragten die Transparenz der Prüfungsanforderungen und Prüfungsvorbereitung nur mit mittelmäßig und 13,5 Prozent sogar mit schlecht bewerten würden, obwohl die Gesamtheit der Studierenden dies als einen sehr wichtigen Faktor für ein flüssiges Studium erachtet.

3.3 Die Studie im Magister-Studium Germanistische Linguistik des Instituts für deutsche Sprache und Linguistik der Humboldt-Universität zu Berlin

Eine weitere einschlägige Studie wurde von dem Institut für deutsche Sprache und Linguistik der Humboldt-Universität zu Berlin durchgeführt (Fries/Steinitz, 2003).

Die Datenerhebung fand hier durch Literaturauswertung, Befragung externer Experten und von Mitarbeitern des Instituts und durch Befragung der Studierenden des o. g. Magisterhauptfaches statt. Letztlich konnten jedoch nur jeweils sieben Studierende und Mitarbeiter_innen für ein Interview gewonnen werden. Alle anderen Anfragen für Interviews wurden negativ beantwortet. In den persönlich geführten Interviews wurden Fragen zu folgenden Bereichen gestellt:

➢ Studienfachwahl und Studienmotivation,
➢ Probleme und Schwierigkeiten im Studium,
➢ aktuelle Lebenssituation,
➢ individuelle Wünsche und Ideen,
➢ Zukunftsperspektiven.

Im weiteren Verlauf wurde auch hier ein Fragebogen erstellt, welcher Fragen zu den folgenden zehn Bereichen enthielt:

➢ persönliche Daten,
➢ allgemeine Lebenssituation,
➢ Studienverlauf,
➢ Zukunftsperspektive,
➢ Motivation und Studienfachwahl,
➢ Ursachen für eine Studienverzögerung: allgemeine Studienbedingungen,
➢ Ursachen für eine Studienverzögerung: individuelle Faktoren,
➢ Studienabbruch,
➢ Beratung und Förderung,
➢ Studienzeit.

Die Befragten setzten sich zu 83 Prozent aus weiblichen Studierenden zusammen. Sie waren zwischen 27 und 33 Jahre alt und befanden sich während der Befragung im 12. bis 15. Fachsemester. Aus den Ergebnissen von Fries/Steinitz (2003) bezüglich möglicher Ursachen einer Studienverzögerung (vgl. Tabelle 1) wird deutlich,

➢ dass eine **Arbeitsstelle neben dem Studium** eine erhebliche Belastung für die Studierenden darstellt und häufig der Grund für die Verzögerung ist. Dieser Aspekt wurde deswegen näher betrachtet. Den Studierenden wurden einige konkrete Fragen zum zeitlichen Umfang ihrer wöchentlichen Erwerbsarbeit (Arbeitsaufwand) und zum Anteil des Arbeitseinkommens am Lebensunterhalt gestellt. Die Nebentätigkeit ist für die

Mehrzahl der Studierenden absolut notwendig für die Bestreitung ihres Lebensunterhalts. Somit ist das Studium nicht der Lebensmittelpunkt.

➢ Weiterhin ist außerdem eine gelegentliche **Orientierungslosigkeit** der Studierenden in ihrem Studium Grund für eine Verzögerung. Diese wird bei Fries/Steinitz (2003) in drei Ebenen beschrieben. Die erste Ebene betrifft Inhalt und Struktur des Studiums: Hier besteht das Problem, dass dem Großteil der Studierenden nicht bewusst ist, worum es in ihrem Studium eigentlich geht und welchen Sinn und Zweck es verfolgt. Das Studium wird mit falschen Vorstellungen begonnen und ohne effektive Organisation im Studienverlauf fortgeführt. Den Studierenden fehlt es hier an Zielgerichtetheit. Die zweite Ebene der Orientierungslosigkeit beschreibt die Wahrnehmung und Einschätzung der eigenen Person. Viele der Studierenden haben ein unsicheres und unklares Selbstbild und sind sich ihrer eigenen Fähigkeiten und Kompetenzen nicht bewusst. Die dritte und letzte Ebene beschäftigt sich mit der beruflichen Orientierung und Zukunftsplanung der Studierenden. Den Studierenden mangelt es laut Fries/Steinitz (2003) an konkreten Zielen und sicheren Entwürfen für das spätere Berufsleben. Das Studium selbst wird als nicht ausreichend qualifizierend angesehen. Trotz vielseitiger Beratungsangebote und Informationsmöglichkeiten bleiben die Probleme in diesem Fall weiterhin bestehen.

➢ Außerdem als ursächlich stellt sich bei der Befragung eine **fehlende Einbindung in das Studium und den Universitätsalltag** heraus. Die Studierenden fühlen sich nicht als Teil des Studienbetriebs und finden keinen konkreten Anschlusspunkt zu ihrem Studium.

➢ In Verbindung mit den o .g. Faktoren für die Verzögerung des Studiums steht außerdem häufig die **fehlende Motivation** der Studierenden. Laut Fries/Steinitz (2003) empfinden die Studierenden das Studium oft als zu praxisfern und fühlen sich nicht auf das Berufsleben vorbereitet. Aus Mangel an Erfolgserlebnissen kommt es zu einer Resignation bei den Studierenden.

Tabelle 1: Ursachen einer Studienverzögerung nach Fries/Steinitz

Ursachen einer Studienverzögerung	Anteil
Berufstätigkeit	85,3
gelegentliche Orientierungslosigkeit im Studium	58,8
allgemeine Studienbedingungen	54,6
Studienanforderungen unklar	41,2
Redeangst	35,3
Schreibblockaden	32,4
Praktika	29,4
selbstgewählte Auszeit	28,6
mangelnde Motivation beim Studieren	26,4
Krankheit	25,7
studienbezogener Auslandsaufenthalt	25
fehlende Entschlusskraft, das Studium abzuschließen	20,5
Schwangerschaft/Kinderbetreuung	20
Prüfungsangst	14,7

Quelle: Fries/Steinitz, 2003, S. 20 ff

3.4 Die Studie im Studiengang Sozialwesen der Fachhochschule Hannover

An der Fachhochschule Hannover wurde die Untersuchung zur Überschreitung der Regelstudienzeit ebenfalls per Fragebogen durchgeführt (Terbuyken, 2005). Zur Hilfe stand der Forschungsgruppe in diesem Fall die Verwaltung der Fachhochschule. Es wurden Fragebögen an alle Studierenden ab dem zehnten Fachsemester verschickt (N=122); von diesen Fragebögen kamen N=66 zurück, welche dann zur Auswertung zur Verfügung standen. Auch in diesem Fall wurden die Fragen des Fragebogens in verschiedene Oberthemen gegliedert. Er enthielt insgesamt 21 Fragen zu folgenden Themenbereichen:

- persönliche Daten,
- Studiensituation (finanzielle Aspekte, Lebensmittelpunkte),
- Studienverlauf,
- Zukunftsperspektive,
- Motivation und Studienfachwahl,
- Ursachen für eine Studienverzögerung und Studienabbruch,
- Beratung und Förderung,
- Bewertung der Studienzeit.

Zu den persönlichen Daten der Studierenden wurden das Alter, das Geschlecht, die Anzahl der Kinder und das jeweilige Fachsemester festgehalten. Die Auswertung bezüglich des Alters der Studierenden ergab einen Mittelwert von 36,8; die Hälfte war hier älter als 37 Jahre (Median). Die Verteilung nach Geschlecht lag bei 70 Prozent Frauen und 30 Prozent Männer. Außerdem hatte fast die Hälfte der Befragten (N=32; dies entspricht 48,5 Prozent) bereits Kinder. Es wurde ebenfalls die Kinderverteilung auf Frauen und Männer analysiert; von 32 Studierenden mit Kind waren 25 weiblich und nur sieben männlich. Die Verteilung der Studierenden auf die jeweiligen Fachsemester ergibt, dass die meisten der Befragten sich im zehnten Fachsemester befinden. Die Hälfte dieser beabsichtigt, das Studium im kommenden Semester abzuschließen.

Tabelle 2: Ursachen für eine Studienverzögerung nach Terbuyken

Ursachen für eine Studienverzögerung	Anteil in Prozent
Berufstätigkeit	77,4
Entschlussmangel	68,7
Schreibblockaden	61
Orientierungslosigkeit	53,9
Auszeit	47,6
Motivationsmangel	44,4
Krankheit	43,7
Schwangerschaft/Kinder	41,1
Prüfungsangst	40,6
Studienbedingungen	31,2
Redeangst	28,5
Praktika	25,8
Anforderungsunklarheit	23,8
Auslandsaufenthalt	0

Quelle: Terbuyken, 2005, S. 19.

Die Befragung bezüglich der Ursachen für eine Studienverzögerung wurde hier in zwei Bereiche geteilt. Einerseits wurden mögliche Ursachen erfragt, die mit der Fachhochschule selbst in Verbindung stehen wie zum Beispiel Medienausstattung, die Betreuung durch den Allgemeinen Studierendenausschuss (AStA), Themenvielfalt und Praxisnähe. Andererseits wurden die individuellen Faktoren, die jede(r) Studierende anders erlebt, untersucht. Diese waren zum Beispiel Berufstätigkeit, Orientierungslosigkeit, Kinder und Prüfungsangst (vgl. Tabelle 2).

Abschließend teilt Terbuyken (2005) die den Ergebnissen entnommenen Ursachen in drei Klassen ein. Diese sind organisationsbezogene Umstände, persönliche Lebensumstände und finanzielle Umstände.

> Hauptgrund ist laut der Analyse von Terbuyken (2005) der **finanzielle Aspekt** eines Studiums. Die Studierenden studieren eine lange Zeit nur nebenbei und nehmen Verzögerungen in Kauf, um mit der ausgeübten Erwerbstätigkeit ihr Studium finanzieren zu können. 77,4 Prozent der Befragten halten dies für den stärksten Verzögerungsfaktor für ihr Studium. Weitere Belastungen, die durch ggf. vorhandene Kinder oder Schwangerschaften hinzukommen, erhöhen diesen finanziellen Druck noch. Die Fachhochschule Hannover sieht dies im Fazit ihrer Studie als Hauptfaktor für eine Studienverlängerung an. Eine Langzeitstudiengebühr ist in diesem Fall gemäß Terbuyken (2005) kein Anreiz, das Studium zu verkürzen, sondern vergrößert nur die vorhandenen Probleme.

> Als weitere Ursachen werden **Entschlussmangel** mit 68,7 Prozent, **Schreibblockaden** mit 61,0 Prozent und **Orientierungslosigkeit** mit 53,9 Prozent festgestellt. Diese liegen in der Persönlichkeit des Studierenden selbst. Ihnen könnte laut Terbuyken (2005) am besten mit frühzeitig eingesetzten problemspezifischen Beratungsangeboten entgegengewirkt werden. Wenn diese zum richtigen Zeitpunkt im Studium dem Studierenden zur Verfügung stehen, könnte dies zu einem schnelleren Studienabschluss führen. Genannt werden in diesem Zusammenhang z. B. Tutoren- und Mentorenprogramme und die Studienlaufbahnberatung.

> Die Vereinbarkeit von **Kind und Studium** stellt die Studierenden ebenfalls vor eine große Hürde. Für 41,1 Prozent der Befragten ist dies besonders schwierig. Eine bessere Beratung und Unterstützung im Bereich der Familienorganisation würde den Studierenden die Konzentration auf das Studium erleichtern und zu einem flüssigeren Verlauf führen.

4. Die Situation an der Jade Hochschule

4.1 Die Jade Hochschule im Überblick

Die Jade Hochschule Wilhelmshaven/Oldenburg/Elsfleth besteht in der heutigen Zusammensetzung seit dem Jahr 2009. Die ehemals selbständigen Fachhochschulen in Wilhelmshaven und Oldenburg wurden im Jahr 2000 mit der Fachhochschule Ostfriesland zusammengeschlossen. Neun Jahre später wurde die Fachhochschule Ostfriesland wieder getrennt; der Standort Elsfleth verblieb in dem Dreierverbund der Jade Hochschule. Die Jade Hochschule umfasst sechs Fachbereiche, wie aus Tabelle 3 zu ersehen ist.

Tabelle 3: Sechs Fachbereiche der Jade Hochschule

Wilhelmshaven	Oldenburg	Elsfleth
Fachbereich Wirtschaft Fachbereich Ingenieur-wissenschaften Fachbereich Management, Information, Technologie	Fachbereich Architektur Fachbereich Bauwesen und Geoinformation mit Technik und Gesundheit für Menschen	Fachbereich Seefahrt

Quelle: Jade Hochschule, 2016a

Aktuell sind ca. 7.500 Studierende an der Jade Hochschule in den 37 Bachelor- und 11 Master-Studiengängen eingeschrieben und werden von ca. 180 Professor_innen betreut (vgl. Jade Hochschule, 2016a). Am Standort Wilhelmshaven gibt es aktuell ca. 4.800 Studierende und ca. 100 Professor_innen bzw. Verwalter_innen einer Professur (Stand: 2016).

Die Jade Hochschule sieht ihre Kernaufgaben als Fachhochschule darin, „jungen Menschen wissenschaftliche Erkenntnisse und Methoden zu vermitteln

> ➤ in klar strukturierten Studiengängen bei intensiver Betreuung,
> ➤ mit aktueller und zukunftsorientierter Berufsfeld- und Arbeitsmarktnähe,
> ➤ durch anwendungsorientierte Forschung und Technologietransfer und
> ➤ mittels nachfragegerechter wissenschaftlicher Weiterbildung" (Jade Hochschule, 2010, S. 16).

Die Jade Hochschule (2016b) verfolgt den Leitgedanken:

„Die Jade Hochschule ist ein Ort des Lernens. Wir vermitteln Maßstäbe: Unsere Lehre sichert Bildung und Beruf. Unsere Studierenden erfahren Werte und Wissen zum Wohle des Menschen. Graduierte der Jade Hochschule denken unkonventionell und handeln verantwortlich."

Mit folgenden Merkmalen möchte sich die Jade Hochschule in der Wirtschaftsregion Nordwest profilieren:

> ➤ hohe Qualität in der Lehre,
> ➤ lebensbegleitendes Lernen,
> ➤ Internationalität,

- ➢ angewandte Forschung,
- ➢ umweltbewusste Hochschule,
- ➢ Hochschule der Menschen.

In Bezug auf eine hohe Qualität in der Lehre sieht die Hochschule „die marktgerechte Ausbildung von hochqualifizierten Absolventinnen und Absolventen … [als] ihre wichtigste Aufgabe" (Jade Hochschule, 2010, S.36ff.). Um diese Aufgabe zu erfüllen, sollen „Studieninhalte sowie Lehr- und Lernformen …den Veränderungen in Wissenschaft, Praxis und Didaktik angepasst" werden. In der Zielvereinbarung 2014 bis 2018 zwischen dem Niedersächsischen Ministerium für Wissenschaft und Kultur und der Jade Hochschule wurden zwölf strategische Ziele festgelegt, von denen sich das zweite Ziel „Qualität des Studiums verbessern" auf den Didaktik-Bereich bezieht.

- ➢ Um sich verstärkt für vielfältige Studierendengruppen zu öffnen und die Vielfalt der Studierenden als positives Potential zu nutzen, wird die Hochschule mit IT-Unterstützung ein flexibles Studium in Präsenz, Vollzeit, Teilzeit oder online ermöglichen,
- ➢ dialogorientiertes Lernen in kleinen Gruppen ermöglichen,
- ➢ das Prüfungssystem zunehmend auf eine Kompetenzorientierung der Prüfungen ausrichten,
- ➢ die Studienqualität regelmäßig evaluieren und Verbesserungsmaßnahmen einleiten (vgl. MWK und Jade Hochschule, 2014, S. 9).

So existieren bereits Untersuchungen dazu, inwieweit Studierende ihr Studium in der Regelstudienzeit abgeschlossen haben. Dem Autorenteam wurden Ergebnisse für den Prüfungsjahrgang 2012 zugänglich gemacht, in dem im Rahmen einer Online-Befragung 1.180 Absolventinnen und Absolventen angeschrieben wurden, von denen 423 an der Befragung teilnahmen. Bei den Ergebnissen fällt auf, dass insbesondere am Fachbereich Wirtschaft Studierende selten ihr Studium in der Regelstudienzeit abschließen (vgl. Abbildung 1). Dies lässt vermuten, dass eine Untersuchung im Fachbereich Wirtschaft besonders aufschlussreich ist, um die Ursachen für eine deutliche Überschreitung der Regelstudienzeit zu ermitteln.

Abbildung 1: Absolventinnen und Absolventen der einzelnen Fachbereiche in der Regelstudienzeit

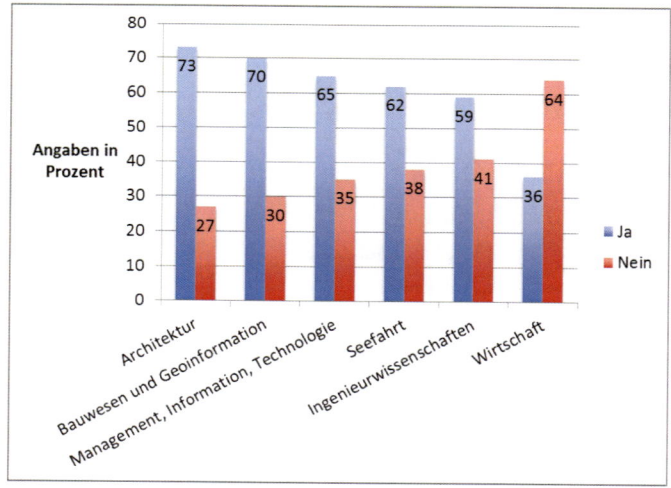

N= 423 (Prüfungsjahrgang 2012)
Quelle: Jade Hochschule (Interne Statistik)

In den Fachbereichen Ingenieurwissenschaften sowie Bauwesen und Geoinformation mit Technik und Gesundheit für Menschen wurden im Rahmen dieser Absolvent_innenbefragung auch mögliche Gründe für eine Verlängerung des Studiums abgefragt (vgl. Abbildung 2). Der am häufigsten genannte Grund sind Verzögerungen im Zusammenhang mit der Abschlussarbeit, gefolgt von nicht bestandenen Prüfungen, Erwerbstätigkeit(en) neben dem Studium und hohen Anforderungen im Studiengang. Dies gibt erste Anhaltspunkte für die Ursachen einer deutlichen Überschreitung der Regelstudienzeit. Dabei ist zu berücksichtigen, dass Probleme mit der Abschlussarbeit kaum zu einem Langzeitstudium führen werden, sondern zumeist das Studium um nur ein Semester verlängern.

Abbildung 2: Gründe für eine Verlängerung des Studiums in ausgewählten Studiengängen

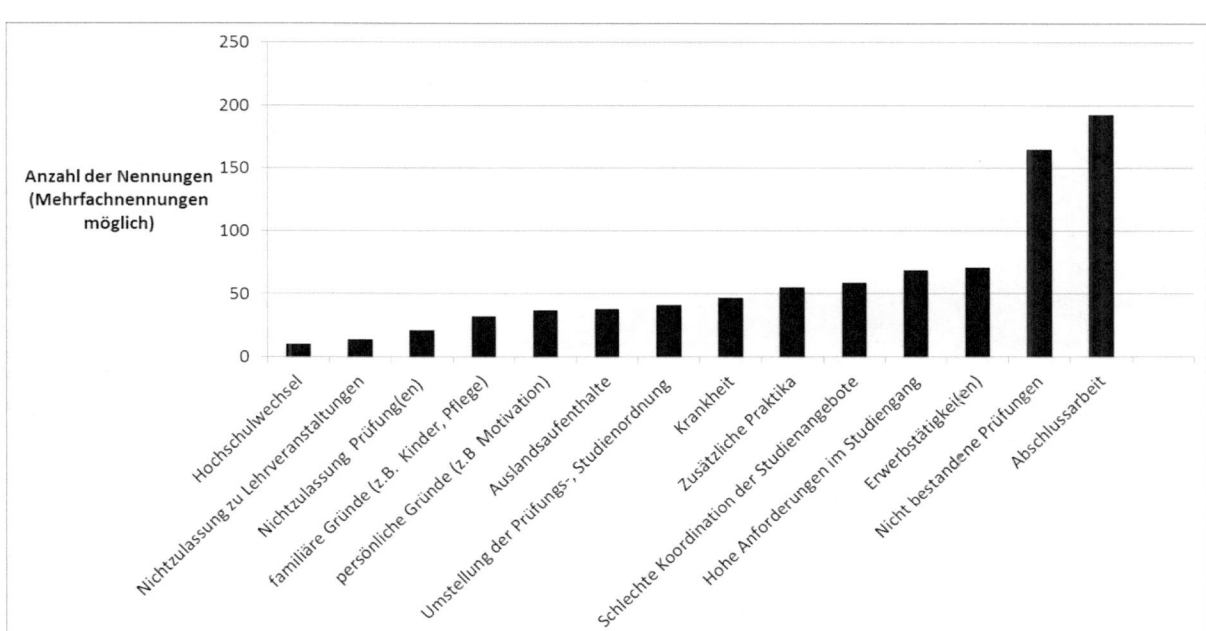

N= 423 (Prüfungsjahrgang 2012)

Quelle: Jade Hochschule (Interne Statistik)

Für die anderen Fachbereiche liegen dem Autorenteam dieser Studie analoge Befragungsergebnisse nicht vor.

4.2 Die untersuchten Studiengänge

Fachbereich Wirtschaft

In Wilhelmshaven ist der Fachbereich Wirtschaft, dessen Ursprung bereits im Jahr 1947 als Fachschule für wirtschaftliche Betriebsführung liegt, tief verwurzelt. Aktuell umfasst der Fachbereich zehn Studiengänge mit 1.896 Studierenden, die von 32 Professorinnen bzw. Professoren und Verwalterinnen bzw. Verwaltern einer Professur betreut werden. In Tabelle 4 finden sich weitere Angaben für das Jahr 2014 im Überblick.

Tabelle 4: Zahlen des Fachbereichs Wirtschaft für das Jahr 2014

Studierende (weiblich)	Studierende (männlich)	Studierende (ausländisch)	Absolventinnen u. Absolventen	Mitarbeiterinnen u. Mitarbeiter
1084	812	104	220	46

Quelle: Jade Hochschule, 2015, S. 76

In Tabelle 5 ist das Studiengangsportfolio des Fachbereichs dargelegt.

Tabelle 5: Studiengangsportfolio des Fachbereichs Wirtschaft

Präsenzstudiengänge	Online-Studiengänge	Duale und berufsintegrierende Studiengänge
B. A. Wirtschaft B. A. Tourismuswirtschaft B. A. Tourismuswirtschaft deutsch-französisch	B. A. BWL online B. A. Tourismuswirtschaft online M. A. BWL online	B. A. Insurance, Banking and Finance (dual) B. A. Insurance, Banking and Finance (berufsintegrierend) B. A. Wirtschaft im Praxisverbund (dual) B. A. Wirtschaft im Praxisverbund (berufsintegrierend)

Quelle: Jade Hochschule, 2015, S. 77

Unter den Präsenzstudiengängen werden B. A. Wirtschaft und B. A. Tourismuswirtschaft mit deutlichem Abstand am meisten frequentiert. Weil in den anderen Studiengängen bei einer Befragung aufgrund der geringen Teilnehmerzahl kein repräsentatives Ergebnis zu erwarten war, konzentriert sich die quantitative Befragung auf die Studiengänge B. A. Wirtschaft und B. A. Tourismuswirtschaft.

Bachelor-Studiengang Wirtschaft

Der Bachelorstudiengang Wirtschaft umfasst eine Regelstudienzeit von sieben Semestern zur Erlangung von 210 CP (vgl. Jade Hochschule, 2012, S. 4). Der Studiengang ist modular aufgebaut und beinhaltet 23 Pflichtmodule (140 CP; davon 1 Praxissemester mit 30 CP), acht Wahlpflichtmodule (40 CP), eine Praxisphase oder alternativ weitere drei Wahlpflichtmodule (18 CP) und eine Bachelor-Arbeit mit Kolloquium (12 CP). Nach bestandenem Hochschlussabschluss wird als akademischer Grad der Bachelor of Arts (B. A.) vergeben. In Abbildung 3 ist eine Übersicht gegeben.

Abbildung 3: Studienverlauf und Module des B. A. Wirtschaft

Semester	Module						CP
1	Statistik (4/5)	Mathematik - Finanzmathematik und Investitionsrechnung (4/5)	Buchführung und Abschlusstechnik (4/5)	Wirtschafts- privatrecht A (4/5)	Grundlagen der BWL (4/5)	Wirtschaftsinformatik (4/5)	30
2	Sprache A (4/5)	Mikroökonomie und Wirtschaftsordnung (4/5)	Kosten- und Leistungsrechnung (4/5)	Wirtschafts- privatrecht B (4/5)	BWL-Investition und Finanzierung (4/5)	Steuerrecht A (4/5)	30
3	Sprache B (4/5)	Bilanzierung (4/5)	Grundlagen des Controllings (4/5)	Personalführung (4/5)	BWL-Marketing (4/5)	Steuerrecht B (4/5)	30
4	Praxissemester						30
5	Major W (4/5)	Major W (4/5)	Variante 1: 1 x Major W Variante 2: 2 x Minor W Variante 3: 1x Minor W + 1x Minor TW Variante 4: 1x Minor (W o. TW) + 2x Wpf		Makroökonomische Theorie und Stabilisierungspolitik (4/5)	Wissenschaftliche Fachmethoden (4/5)	30
6	Major W (4/5)	Major W (4/5)			Öffentliche Finanzen und internationaler Handel (4/5)	Unternehmensführung (4/5)	30
7	Bachelorarbeit (12 CP)			Praktikum bei Studienzweig I (58CP) Wahlpflichtfächer bei Studienzweig II (18CP)			30
							210

Quelle: Jade Hochschule, 2016c

Bachelor-Studiengang Tourismuswirtschaft

Der Bachelor-Studiengang Tourismuswirtschaft umfasst ebenfalls eine Regelstudienzeit von sieben Semestern zur Erlangung von 210 CP (vgl. Jade Hochschule, 2012a). Der Studiengang ist ebenso wie der Studiengang Wirtschaft modular aufgebaut und beinhaltet 23 Pflichtmodule (140 CP; davon 1 Praxissemester mit 30 CP), acht Wahlpflichtmodule (40 CP), eine Praxisphase oder alternativ weitere drei Wahlpflichtmodule (18 CP) und eine Bachelor-Arbeit mit Kolloquium (12 CP). Nach bestandenem Hochschlussabschluss wird als akademischer Grad der Bachelor of Arts (B. A.) vergeben. Abbildung 4 zeigt einen Verlaufsplan über die Module des B. A. Tourismuswirtschaft.

Abbildung 4: Studienverlauf und Module des B. A. Tourismuswirtschaft

Semester	Module					CP
1	Statistik (4/5)	Mathematik - Finanzmathematik und Investitionsrechnung (4/5)	Buchführung und Abschlusstechnik (4/5)	Grundlagen des Wirtschaftsprivatrechts in der Tourismuswirtschaft (4/5)	Grundlagen der BWL im Tourismus (4/5)	Geographische Aspekte und Attraktionsfaktoren bedeutender Tourimusdestinationen (4/5) → 30
2	Sprache A (4/5)	Mikroökonomie und Wirtschaftsordnung (4/5)	Kosten- und Leistungsrechnung (4/5)	Anwendung Steuerrecht in der Tourismuswirtschaft (4/5)	BWL-Investition und Finanzierung (4/5)	Grundlagen des toruismuswirtschaftlichen Informationsmanagements (4/5) → 30
3	Sprache B (4/5)	M 3.2 Bilanzierung (4/5)	Grundlagen des Controllings (4/5)	Personalführung (4/5)	Spezielle Aspekte der BWL und Marketing im Tourismus (4/5)	E-Commerce im Tourismus (4/5) → 30
4	Praxissemester					30
5	Major TW (4/5)	Major TW (4/5)	Variante 1: 1x Major TW + 1x Minor TW / Variante 2: 1x Major TW + 1x Minor W / Variante 3: 2 x Minor TW + 1x Wahlpflicht TW / Variante 4: 1x Minor TW + 1x Minor W + 1x Wahlpflicht TW		Makroökonomische Theorie und Stabilisierungspolitik (4/5)	Wissenschaftliche Fachmethoden (4/5) → 30
6	Major TW (4/5)				Öffentliche Finanzen und internationaler Handel (4/5)	IT-Projektseminar → 30
7	Bachelorarbeit (12 CP)			Praktikum bei Studienzweig I (18 CP) / Wahlpflichtfächer bei Studienzweig II (18 CP)		30
						210

Quelle: Jade Hochschule, 2016c

Fachbereich Management, Information, Technologie

Der Fachbereich Management, Information, Technologie besteht aus den vier Bachelor-Studiengängen Wirtschaftsingenieurwesen, Wirtschaftsinformatik, Medienwirtschaft und Journalismus sowie dem Online-Studiengang Wirtschaftsingenieurwesen. Des Weiteren gibt es einen Master-Studiengang für Wirtschaftsingenieurwesen, einen Master-Studiengang für Management digitaler Medien sowie das Angebot Wirtschaftsingenieurwesen für Frauen in diesem Fachbereich (vgl. Jade Hochschule, 2016d). Tabelle 6 gibt einen Überblick über den Fachbereich.

Tabelle 6: Zahlen des Fachbereichs Wirtschaft für das Jahr 2014

Studierende (weiblich)	Studierende (männlich)	Studierende (ausländisch)	Absolventinnen und Absolventen	Mitarbeiterinnen und Mitarbeiter
452	779	59	198	41

Quelle: Jade Hochschule, 2015, S. 66

Aufgrund der guten Vergleichbarkeit des inhaltlichen Zusammenhangs mit dem Studiengang Wirtschaft wird in der quantitativen Befragung der Studiengang Medienwirtschaft und Journalismus mit in die Analyse dieser Studie einbezogen.

Bachelor-Studiengang Medienwirtschaft und Journalismus

Der Bachelorstudiengang Medienwirtschaft und Journalismus umfasst ebenfalls eine Regelstudienzeit von sieben Semestern zur Erlangung von 210 CP (vgl. Jade Hochschule, 2012b). Die Abbildung 5 zeigt die Module des Studiengangs Medienwirtschaft und Journalismus.

Abbildung 5: Studienverlauf und Module des B. A. Medienwirtschaft und Journalismus

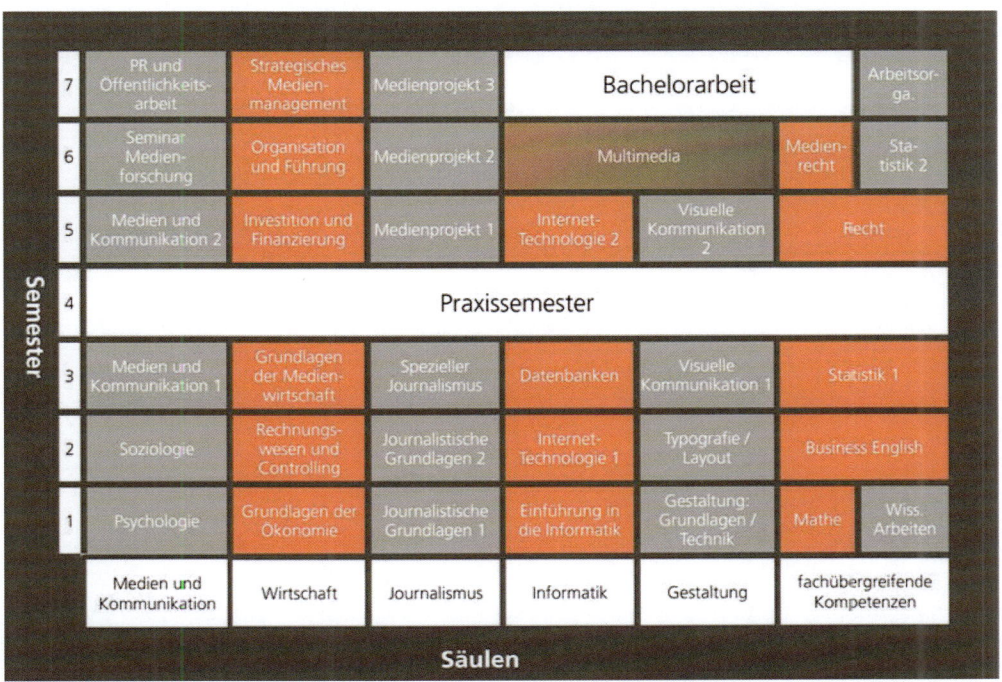

Quelle: Jade Hochschule, 2016e

5. Die qualitative Analyse

5.1 Die Konzeption der Befragung

In der ersten Phase des im Mehrmethodendesign durchgeführten Projekts sind über leitfadengestützte Interviews qualitativ (Hinter-)Gründe und Ursachen für eine Überschreitung der Regelstudienzeit erforscht worden. Hierzu wurden Interviews anhand eines (Interview-)Leitfadens durchgeführt. In einem solchen qualitativen Interview berichten die Interviewten über ihre subjektiven Erfahrungen mit dem Studium. Analysiert wurden hier Einzelfälle, die einer eingehenderen Betrachtung unterzogen wurden und deren subjektives Empfinden von Interesse ist (vgl. zur Technik leitfadengestützter Interviews auch Lamnek, 1995, oder Mayer, 2013, S. 23-24).

Zur Durchführung der Interviews wurde ein Leitfaden als variable Interviewrichtlinie entwickelt (vgl. Anhang 1 und 2). Zur Leitfadenentwicklung wurden zunächst Hypothesen aufgestellt und diskutiert. Hierfür wurden die eigenen Erfahrungen der Mitglieder der Projektgruppe, die Ergebnisse der oben aufgeführten Studien zum Thema „Überschreitung der Regelstudienzeit und vorzeitiger Studienabbruch" und einige vorab durchgeführte Probe-Interviews genutzt. Mit den leitfadengestützten Interviews sollten die eingangs aufgestellten Hypothesen überprüft und weitere Hypothesen für die im Anschluss folgende quantitative zweite Phase gewonnen werden.

Unter den verschiedenen Typen des leitfadengestützten Interviews wurde das **problemzentrierte Interview** ausgewählt, da hier besonders großer Wert auf die subjektive Problemsicht der Befragten gelegt wird. Das problemzentrierte Interview nach Witzel (1985) zeichnet sich durch seinen Gesprächscharakter aus. Jede(r) der Befragten hat andere Beweggründe für die Überschreitung der Regelstudienzeit, welche es gilt, interaktiv herauszufiltern. Das problemzentrierte Interview besteht aus vier Phasen. Nach der Gesprächseröffnung werden in der allgemeinen Sondierung erste Details erfragt. In der darauf folgenden spezifischen Sondierung werden ausgewählte Bereiche erneut hinterfragt, die sich z. B. durch Ungereimtheiten hervorgetan haben. Zum Abschluss hat die Interviewerin bzw. der Interviewer die Möglichkeit, Ad-Hoc-Fragen zu stellen (vgl. Witzel, 1985, zitiert nach Flick, 2012, S. 210-211).

Bei der Durchführung leitfadengestützter Interviews können unterschiedliche Probleme auftreten. Im Allgemeinen gilt es, den Kommunikationsprozess nicht unbewusst oder unkontrolliert zu beeinflussen. Dadurch kann eine Störung der Kommunikation hervorgerufen und das Ziel des Interviews verfehlt werden (vgl. Helfferich, 2011, S. 108). Dazu ist es wichtig, flexibel mit dem Leitfaden umzugehen und davon abzuweichen, wenn der interaktive Gesprächsverlauf es erfordert. Da die Interviews von Studierenden derselben Hochschule und zum großen Teil sogar desselben Fachbereichs durchgeführt wurden, waren die Interviewenden mit dem institutionellen Umfeld des studierten Fachs bestens vertraut und konnten daher auch bei hoher Detailtiefe kritische Nachfragen stellen.

Da die Interviewerinnen und Interviewer als Studierende aber keine hauptberuflichen Expertinnen bzw. Experten sind, wurde auf die Probleme, die sich beim leitfadengestützten Interview ergeben, im Rahmen einer Interviewer-Schulung gezielt hingewiesen. Die vorab geführten Probeinterviews wurden in kollegialer Beratung besprochen und es wurde auf Fehler in der Interviewführung aufmerksam gemacht.

Die/der Interviewte gestaltet beim problemzentrierten Interview den Interviewverlauf aktiv mit und beeinflusst die Ergebnisse der qualitativen Befragung maßgeblich (vgl. Flick, zitiert nach Mayer, 2013, S. 25). Dies war auch in dieser Befragung der Fall; die Abweichung vom Leitfaden in den einzelnen Interviews war daher teilweise erheblich.

Die zu befragenden Studierenden wurden in drei Gruppen eingeteilt. Die erste Gruppe beinhaltet Langzeitstudierende (im weiteren Sinne), die mindestens um vier Hochschulsemester die Regelstudienzeit ihres derzeitigen Studienganges überschritten haben. Hier konnten neun Studierende interviewt werden, davon sechs Langzeitstudierende im engeren Sinne (Definition siehe Kapitel 2).

Befragt wurden zudem als zweite Gruppe jene Studierende, die noch in der Regelstudienzeit studieren, welche jedoch voraussichtlich zu Langzeitstudierenden (im weiteren Sinne) oder zu Studienabbrecher_innen werden, weil sie erst wenige Module gemessen an der bisherigen Studiendauer absolviert haben. Drittens wurde eine Kontrollgruppe mit Studierenden gebildet, die ihr Studium mit der empfohlenen Semesteranzahl abschließen. Die Gruppe der Studierenden, die sich noch in der Regelstudienzeit befinden, diese jedoch überschreiten werden (also die Überschreiter), sind für das Forschungsinteresse dieser Studie besonders bedeutsam, da sich die Studienbedingungen an der Jade Hochschule geändert haben und Studierende, die sich noch in der Regelstudienzeit befinden, aber zu Langzeitstudierenden werden, unter anderen Bedingungen studieren als derzeitige Langzeitstudierende. So hat sich z. B. zum Wintersemester 2012/13 die Prüfungsordnung des Fachbereiches Wirtschaft geändert, wobei unter anderem auch die Regelstudienzeit erhöht wurde.

Die Befragten in den drei Gruppen wurden überwiegend aus den Studiengängen Wirtschaft, Tourismuswirtschaft sowie Medienwirtschaft und Journalismus ausgewählt. Ergänzend gibt es aber auch eine Spalte für „Sonstige", in welcher Befragte anderer Studiengänge aus anderen Fachbereichen vertreten sind (vgl. Tabelle 7).

Tabelle 7: Interviewte Studierende nach Fachbereich und Gruppe

	Fachbereich				
	Wirtschaft		MIT	Sonstige	Summe
	Wirtschaft	Tourismuswirtschaft			
Langzeitstudierende	2	0	4	3	9
Überschreiter	3	3	3	0	9
Kontrollgruppe	4	2	2	0	8
					26

Quelle: Eigene Erhebung

5.2 Ein Modell zur Erklärung der Überschreitung der Regelstudienzeit

Bereits die oben aufgeführten Studien und die aus den Probeinterviews gewonnenen ersten Eindrücke machen deutlich, dass es eine Vielzahl von Ursachen für Überschreitungen der Regelstudienzeit gibt. Die Studien beschränken sich in der Analyse jeweils nur auf einzelne Aspekte, die den jeweiligen Verfassern als besonders relevant erschienen. Diese selbstauferlegte Beschränkung ist vor dem Hintergrund des offen geführten, problemzentrierten leitfadengestützten Interviews nicht sinnvoll. Um den Überblick über die zahlreichen Ursachen zu wahren, war insofern eine Systematisierung der Ursachen notwendig.

Studierende haben zunächst aufgrund unterschiedlicher Interessen und Präferenzen ihre eigenen Wünsche und Vorstellungen zum Studium. Sie sind auch in ihren Ausgangsvoraussetzungen heterogen, bringen also zudem alle eine eigene Qualität (Erziehung, schulische Vorbildung, Motivation, körperliche wie mentale Gesundheit etc.) mit sich, welche die Studiendauer beeinflussen kann. Mit dieser Qualität treffen sie auf Rahmenbedingungen des Studiums, die aus ihrer individuellen Perspektive nicht veränderlich sind und für sie damit externe Restriktionen darstellen. Auch diese externen Restriktionen beeinflussen ihre Studiendauer. Viele der Restriktionen sind für alle Studierende gleich (z. B. Anzahl der absolvierenden Module), führen aber trotzdem in einem Fall zur Verzögerung des Studiums, im anderen Fall hingegen nicht.

Studierende werden vor dem Hintergrund ihrer Wünsche und Vorstellungen, ihrer mitgebrachten Qualität und der externen Restriktionen jeweils für sich versuchen, die für sie optimale Studiendauer zu ermitteln. Dies muss nicht zwingend die von der Studienordnung vorgegebene Regelstudienzeit sein – Studierende, die wissen, dass sie gerne viel von ihrer Freizeit im Studium genießen wollen, können sich z. B. ganz bewusst für eine Überschreitung der Regelstudienzeit entscheiden. Eine Änderung der externen Restriktionen nimmt auf diese Entscheidung allerdings Einfluss – je teurer zum Beispiel das Studium in höheren Semestern erscheint, desto eiliger wird es ceteris paribus die bzw. der Studierende mit dem Abschluss haben. Zu berücksichtigen ist allerdings auch, dass ein längeres Studium nicht immer Ergebnis eines rationalen Optimierungskalküls der Studierenden sein muss – insbesondere dann nicht, wenn Studierende ungewollt das notwendige Lernen für eine Klausur zu lange vor sich herschieben. Insofern spielen in der Ursachenfindung zusammengefasst folgende Aspekte eine Rolle:

1) externe Restriktionen,
2) Interessen, Neigungen, Wünsche oder Präferenzen,
3) Qualität der Studierenden,
4) Irrationalitäten (vor allem Prokrastination).

Zudem ist es interessant, als fünften Punkt soziodemografische Merkmale auf ihren Einfluss im Studienerfolg zu überprüfen:

5) soziodemografische Merkmale.

Aus dem Zusammenspiel dieser Gesichtspunkte ergeben sich Unterschiede im Lernverhalten, die ihrerseits wiederum Auswirkungen auf die Studiendauer haben.

Die Aufbereitung der Ergebnisse der qualitativen Analyse beginnt mit einer Darstellung der soziodemografischen Merkmale. Danach werden die Hindernisse für die Studierenden auf dem Weg zu einem schnellen Studienabschluss untersucht, die die Studierenden selbst nicht beeinflussen können. Die externen Restriktionen lassen sich wiederum unterteilen in jene Restriktionen, die weder Studierende noch Hochschule beeinflussen können (nicht beeinflussbare Merkmale wie zum Beispiel Finanzierungsengpässe oder Krankheit der Studierenden), und in jene Restriktionen, auf welche die Hochschule einen Einfluss hat (hochschulbeeinflussbare Merkmale). Danach werden jene Ursachen von Verzögerungen im Studium analysiert, die die Studierenden selbst beeinflussen können. Diese unterteilen sich wiederum erstens in ihre Charakteristika bzw. die Merkmale ihrer Qualität (bspw. Prüfungsangst), in ihre Interessen und Präferenzen, zweitens in Ausprägungen ihres Lernverhaltens als Folge dessen und drittens in das gesondert analysierte Problem der irrationalen (weil von Studierenden eigentlich nicht selbst gewollten) Neigung, Klausuren vor sich herzuschieben (Prokrastination).

5.3 Die Auswirkungen nicht beeinflussbarer und soziodemografischer Merkmale

Geschlecht

Von den neun befragten Langzeitstudierenden sind 89 Prozent männlich. Dies ist nicht überraschend, denn auch unter den Langzeitstudierenden im engeren Sinne (Grundgesamtheit) beträgt der Männeranteil über 80 Prozent. Im Gegensatz dazu beträgt der Anteil der männlichen Studierenden in der Gruppe der Überschreiter jedoch nur 40 Prozent – hier ist das Geschlechterverhältnis eher ausgeglichen.

Hieraus lässt sich als Hypothese ableiten:

H1: Ein Überschreiten der Regelstudienzeit kommt bei Männern und Frauen gleich häufig vor. Wer männlichen Geschlechts ist, wird statistisch gesehen öfter zur/zum Langzeitstudierenden.

Ausbildung

Die befragten Langzeitstudierenden sind im Durchschnitt 30 Jahre alt. Weniger als die Hälfte von ihnen hat die allgemeine Hochschulzugangsberechtigung. Zwei Drittel von ihnen haben eine Berufsausbildung abgeschlossen. Dies steht in einem auffälligen Kontrast zur Kontrollgruppe, in der 100 Prozent der Interviewten die allgemeine Hochschulzugangsberechtigung vorweisen können, dafür aber niemand zuvor einen Ausbildungsberuf erlernt hat.

In der Gruppe der Überschreiter beträgt das Durchschnittsalter 25,3 Jahre. Von den befragten zehn Studierenden hat über die Hälfte die allgemeine Hochschulreife erworben. 40 Prozent haben vor dem Studium eine Berufsausbildung absolviert.

Hieraus lässt sich folgende Hypothese ableiten:

H2: Wer eine Berufsausbildung absolviert hat, wird öfter zum Überschreiter oder zur/zum Langzeitstudierenden.

Tabelle 8 zeigt die wesentlichen soziodemografischen Merkmale im Überblick.

Tabelle 8: Soziodemografische Merkmale (qualitative Interviews)

Merkmale	Langzeitstudierende	Überschreiter	Kontrollgruppe
männlich	89	40	38
weiblich	11	60	63
Durchschnittsalter (in Jahren)	30	25,3	22,8
Abitur	44	60	100
HZB in Niedersachsen	56	70	75
Ausbildung	56	40	0
Anzahl befragter Studenten	**9**	**10**	**8**

Alle Angaben (außer Durchschnittsalter) in Prozent
Quelle: Eigene Erhebung

Finanzierung

Externe Restriktionen können den Studienverlauf erheblich verzögern. Als externe Restriktion gilt ein Verzögerungsgrund dann, wenn weder die Studierenden noch die Hochschule den Verzögerungsgrund beeinflussen können. Insbesondere wenn den Studierenden aufgrund finanzieller Engpässe die Zeit zum Studium fehlt, da sie sich mit Nebenjobs ihren Lebensunterhalt sichern müssen, lässt sich dies weder von ihnen noch von Seiten der Hochschule lösen. Ein Drittel der Langzeitstudierenden gibt an, dass solche Finanzierungsprobleme ihr Studium verzögert haben.

So sagt ein Wirtschaftsstudent:

> *„Also ich habe grundsätzlich zwei[studentische Hilfskraft-] Arbeitsverträge, weil ich mit einem alleine finanziell nicht auskommen würde. Die Dozenten dürfen in Forschung und Lehre 120 Stunden pro Semester und pro Student verbrauchen, und ich habe dann 240 Stunden, weil ich für zwei Dozenten die volle Stundenzahl mache."*

Ein Maschinenbaustudent gibt an:

> *„Ich erhalte weder BAföG noch Unterhalt, deswegen hatte ich ohnehin schon mit mindestens einem Semester mehr geplant, was ja letztlich auch zutraf."*

Von den zehn Studierenden in der Gruppe der Überschreiter geben acht an, dass sie neben dem Studium eine Erwerbstätigkeit ausüben. 40 Prozent der befragten Überschreiter erklären, dass sie damit ihr Studium finanzieren und sich das Studium durch die Nebentätigkeiten verzögert.

Eine Tourismuswirtschaftsstudentin sagt zu diesem Thema:

> *„Das größte Problem ist eigentlich, dass ich kein BAföG bekomme. Meine Oma hatte mir Geld vererbt und deswegen haben die [beim BAföG-Amt] gesagt: „Ja, Sie haben Geld auf dem Konto." Ich kriege ja keinen Cent. Da gibt es irgendeine Grenze, bis wohin man etwas haben darf, und das Andere müsste ich alles verbrauchen. Aber das möchte ich nicht. Ich möchte nicht das, was sie mir vererbt hat, verbrauchen. Und einen Kredit aufnehmen... ich möchte mich jetzt auch nicht so hoch verschulden. Und deswegen habe ich jetzt schon acht Jahre einen Job. Den mache ich. Das ist bei einem örtlichen Supermarkt. Ich hatte auch noch einen zweiten Job."*

Die Hypothese zu Finanzierungsproblemen lautet daher:

H3: Wer arbeitet, um sein Studium zu finanzieren, wird öfter Langzeitstudierende(r) oder Überschreiter.

Kinder und Pflegebedürftige

Eine zweite externe Restriktion bezüglich der Zeit zum Studieren liegt vor, wenn sich die Studierenden in wesentlichen Teilen ihres Zeitbudgets nicht mit den Studieninhalten beschäftigen können, weil sie gegenüber eigenen Kindern oder Pflegebedürftigen eine soziale Verantwortung tragen

Unter den interviewten Langzeitstudierenden befand sich lediglich eine Person mit einem Kind. In der Gruppe der Überschreiter befand sich ebenfalls eine Person mit einem Kind. Zwei weitere Studierende gaben an, pflegebedürftige Familienangehörige betreut zu haben.

So berichtet eine Wirtschaftsstudentin:

> *„Ich habe auch nur ein Semester ohne Kind studiert. Das ganze Studium richtete sich dann nach den Uhrzeiten des Kindes."*

Eine Überschreiterin erläutert zur Pflege eines Familienangehörigen:

> *„Also in der Zeit musste ich mehr zuhause machen und konnte dadurch zu weniger Vorlesungen gehen und habe auch weniger zuhause lernen können, weil ich ja noch zuhause gewohnt habe zu dem Zeitpunkt. Und als der Familienangehörige dann richtig pflegebedürftig war, waren zum Glück noch Semesterferien und dann, als er gestorben ist, fing das Semester gerade so richtig wieder an."*

Folgende Hypothese lässt sich hieraus ableiten:

H4: Durch die Betreuung von Kindern oder die Pflege von Angehörigen kommt es zu einer Verlängerung des Studiums.

Krankheiten

Ebenfalls weder von den Studierenden noch von der Hochschule beeinflussbar sind schwere Krankheiten oder Verletzungen, die den Studienverlauf beeinflussen. So führt ein Studierender im 16. Fachsemester an:

> *„Ich hatte ganz zu Beginn des Studiums mir die Achillessehne beim Sport gerissen. Damit war ich ein ganzes Semester lang krankgeschrieben. Ich war laut Arzt nicht studierfähig, habe mich aber nicht an der Hochschule krankschreiben lassen."*

Zwei der neun interviewten Langzeitstudierenden sowie vier Studierende aus der Gruppe der Überschreiter verweisen auf Krankheiten als Gründe für die Verzögerung ihres Studienabschlusses. So führt eine Studentin aus dem Studienfach Wirtschaftsingenieurwesen in diesem Zusammenhang die nicht ausreichende Barrierefreiheit im Hauptgebäude an:

„Und ich hatte letztes Semester mein Bein gebrochen. Und mit gebrochenem Bein hier zur Vorlesung zu kommen... Hinten beim Labor sind nicht mal Fahrstühle, dass du da hoch und runter kommst."

Eine Studierende aus der Überschreitergruppe erläutert:

„Ich habe immer noch einen Tinnitus zwischendurch. Wenn ich merke, dass mein Stresslevel steigt und steigt, dann kriege ich wieder einen Tinnitus. Ich hatte das jetzt nach den Klausurzeiten wieder ein bisschen mehr."

Folgende Hypothese lässt sich aufstellen:

H5: Schwere Krankheiten oder Verletzungen verlängern das Studium.

Tabelle 9 zeigt die Bedeutung der externen Restriktionen im Überblick.

Tabelle 9: Externe Restriktionen (qualitative Interviews)

Merkmale	Langzeitstudierende	Überschreiter	Kontroll-gruppe
Kinder/Pflegebedürftige	11	30	0
Krankheiten oder Verletzungen	22	40	0
Nebentätigkeit wird ausgeübt	89	80	63
Nebentätigkeit verzögert das Studium	56	40	0
Finanzierungsprobleme	33	40	0

Alle Angaben in Prozent
Quelle: Eigene Erhebung

5.4 Die Auswirkungen der von der Hochschule beeinflussbaren Merkmale

Weitere Restriktionen für die Studierenden entstehen aus den Regelungen und Rahmenbedingungen, welche die Hochschule vorgibt. Da diese von der Hochschule beeinflussbar sind, werden sie im Folgenden beeinflussbare Restriktionen genannt. Beeinflussbare Restriktionen lassen sich danach strukturieren, inwieweit die Hochschule, der Fachbereich oder einzelne Dozent_innen die Regelungen und Rahmenbedingungen zu verantworten haben.

In der Studie von Fries/Steinitz (2003) geben 55 Prozent der Befragten an, dass die allgemeinen Studienbedingungen ursächlich für eine Verlängerung des Studiums seien. Gerne werden in der Öffentlichkeit entsprechend Gerüchte geschürt, dass Studierende aufgrund von Kapazitätsengpässen benötigte Seminare nicht besuchen können oder in Vorlesungsräumen keinen Platz finden. Dies geschieht, wenn Hochschulen mehr Studierende aufnehmen, als die von ihnen beschäftigten Dozierenden in den vorhandenen Räumlichkeiten unterrichten können.

In den untersuchten Studiengängen an der Jade Hochschule ist das nicht der Fall, im Gegenteil werden mehrfach die geringen Gruppengrößen gelobt. So führt ein Student, der zuvor an einer anderen Hochschule ein anderes Studienfach belegt hatte, aus:

„Die Gruppengröße ist sehr überschaubar. So wenige Studenten wie hier habe ich noch nirgendwo gesehen. Wir waren [an der vorherigen Hochschule] immer mindestens 50 Personen. Hier sind wir im gesamten Studiengang 16 Studierende."

Ein Studierender des Wirtschaftsingenieurswesens würdigt ebenfalls die Gruppengröße in seinem Studiengang in positiver Hinsicht:

„Die Gruppengröße finde ich gut. Also wir sind ja meistens eine Gruppe, die nicht größer ist als 30 Leute, und dadurch ist das auch immer sehr persönlich. Und da kann der Prof auch aufs Tempo achten, weil wir halt so wenige sind. Und kann dann nochmal auf spezielle Probleme eingehen. Also das ist schon wirklich gut geregelt bei uns."

Eine weitere beeinflussbare Restriktion stellen fehlende oder schwer zugängliche Hochschulinstitutionen dar, die den Studierenden Hilfestellungen bieten sollen und teilweise essentiell für ein erfolgreiches Studium sind wie Bibliotheken, Rechenzentren oder räumliche Kapazitäten zum Selbststudium. Hier beschweren sich allerdings kaum Interviewte, vor allem für Langzeitstudierende ist dies kein Thema. Lediglich in der Kontrollgruppe wurden einige Hinweise gegeben, so führt eine Wirtschaftsstudierende aus:

„Die Hochschule könnte ein bisschen verschönert werden. Also teilweise täte etwas neuere Technik gut oder man könnte einfach die Decken ein bisschen schöner machen. Überall fehlen die Deckenplatten. Die Studierenden anderer Fachbereiche, also hauptsächlich die Ingenieure, haben alle ihre Apple PCs und haben auch kleine Räume, in denen man wirklich lernen kann. Das haben wir jetzt auch, aber die anderen hatten das schon ewig. Das könnte man hier mal ein bisschen modernisieren oder wenigstens ein paar Drucker mehr aufstellen. Ich glaube, im Südgebäude gibt es drei Drucker, und ich finde das einfach zu wenig für die ganzen Studierenden. Da steht man dann ewig an."

Einige der beeinflussbaren Restriktionen können von den jeweiligen Fachbereichen verändert werden. Die Formulierung einer Prüfungsordnung, die einen zügigen Studienverlauf ermöglicht, der Schwierigkeitsgrad des Studiums, das Einrichten begleitender Hilfestellungen wie Propädeutika, die Finanzierung von Übungen und Tutorien oder die Terminierung von Vorlesungen und Prüfungen sowie das Informations- und Kommunikationsmanagement können einen flüssigen Studienverlauf unterstützen. An den Prüfungsordnungen wird von den Langzeitstudierenden allerdings nur in Einzelfällen Kritik geübt. So beschwert sich ein Student des Studiengangs Medienwirtschaft und Journalismus:

„Ich würde von der Hochschule erwarten, dass Sachverhalte anders kommuniziert werden. Da geht es zum Beispiel um eine Master-Bewerbung direkt im Anschluss an einen Bachelor. Das ist hier nur sehr schwer möglich und das ist auch nur dann möglich, wenn man alle Module genau in dem Semester geschrieben hat, in dem es vorgesehen ist. Die Bewerbungsfrist liegt so lächerlich ungünstig im Vergleich zu anderen Hochschulen, dass eine Bewerbung im Grunde genommen nicht machbar ist. Zudem muss man parallel dazu auch noch die Bachelor-Arbeit schreiben, also die Organisation ist extrem mangelhaft. Des Weiteren ist die Prüfungsordnung nicht dafür ausgelegt, dass ein reibungsloser Übergang vorgesehen ist."

Bei der Befragung der Überschreiter wurde von 30 Prozent bemängelt, dass die Terminierung der Prüfungen ein Problem im Studium darstelle. Dem Autorenteam stellte sich bei diesen Aussagen jedoch die Frage, ob das Problem wirklich in der Terminierung der Prüfungen liegt oder ob das Überschneiden der einzelnen Klausurtermine nur eine Folge des Aufschiebens von Klausuren der Studierenden bzw. des Nicht-Studierens nach Studienverlaufsplan ist. Es wird somit nicht deutlich, ob eine Veränderung der Prüfungsordnung eine Verbesserung der Situation herbeiführen würde, oder ob das Problem im Selbst- und Zeitmanagement der Studierenden liegt. Dies in den Interviews explizit zu erfragen, erwies sich als schwer durchführbar, da nicht einmal klar ist, was für die/den einzelne(n) Studierende(n) eine schlechte Terminierung darstellt. So war für einige Studierende ein Zeitraum von einigen Tagen zwischen zwei Prüfungen schon zu wenig Vorbereitungszeit für eine Klausur, während andere mehrere Klausuren an einem Tag schrieben und darüber Beschwerde führten. Oft fiel dem Interviewenden jedoch auf, dass die Befragten lediglich die unmittelbare Zeit vor der Prüfung als Vorbereitungszeit angesehen und während des Semesters eher weniger Bemühungen in die Prüfungsvorbereitung investiert haben. So äußert sich ein Überschreiter im Studiengang Medienwirtschaft und Journalismus wie folgt:

> *„Ich kann nicht mal eben über ein bis zwei Tage für eine Klausur lernen. Also gut, man müsste über das ganze Semester lernen, klar, aber mit den ganzen Projekten und allem… Also wenn ich ein Projekt mache, dann bin ich da auch voll drin. Also dann noch mehrere Projekte gleichzeitig, da hat man dann eigentlich erst ab Weihnachten oder so Zeit, wirklich zu lernen. Da habe ich aber keine Zeit, sagen wir mal bis zum 6.1. oder bis zum 10.1. noch schnell für zwei Klausuren zu lernen. Das ist dieses Semester wieder so bei mir, weil ich dieses Semester wieder Statistik schreiben wollte, aber zwei Tage vorher ist Internettechnologie 2. Und ich muss Internettechnologie 2 unbedingt bestehen, von daher ist da auch meine Priorität drauf. Deswegen werde ich Statistik wieder schieben. Und bis jetzt habe ich überhaupt keine Zeit gehabt, um für irgendeins dieser Fächer etwas zu machen, kein bisschen.“*

Insbesondere Studierende, die nicht mehr nach Studienverlaufsplan studieren, da sie Prüfungen geschoben oder nicht bestanden haben, sind von einer zu engen Terminierung in Mitleidenschaft gezogen. Dies ließe sich entschärfen, würden die Klausurtermine bereits vor Anfang des Semesters und damit vor der Wahl der zu belegenden Fächer bekanntgegeben. Enge Terminierung der Prüfungen und späte Bekanntgabe der Prüfungstermine sind damit zwei Seiten einer Medaille. Es lässt sich folgende Hypothese ableiten:

H6: Die späte Bekanntgabe der Prüfungstermine (und die daraus resultierende zu enge Terminierung der Prüfungen) führt zur Verlängerung des Studiums, aber nicht zum Langzeitstudium.

Schwierigkeitsgrad

Der Schwierigkeitsgrad des Studiums wird von den meisten Studierenden nicht als Hürde empfunden. So bewerten Langzeitstudierende ihr Studium im Durchschnitt als eher leicht (Durchschnittsnote 2,2 auf einer Skala von 1 (leicht) bis 6 (schwierig), vgl. Tabelle 10). In den Interviews wurde festgestellt, dass viele der Langzeitstudierenden bereits ein Hochschulstudium abgeschlossen oder eine Berufsausbildung absolviert haben. Dies könnte den Schluss zulassen, dass den Langzeitstudierenden ihr jetziges Studium deshalb leichter fällt, weil sie sich noch in einem stetigen Lernprozess befinden, daher bereits vertraut mit dem Aufbau eines Studiums sind und außerdem einen direkten Vergleich zu bereits absolvierten Aufgaben haben. So schreibt ein Langzeitstudent im vierten Fachsemester:

„Mein Studium verlief von der Immatrikulation bis jetzt eigentlich reibungslos. Es gab keine ernsthaften Hürden für mich. Ich bin vom Gesamtstudium etwas enttäuscht, da das Niveau sehr flach ist, man könnte es als unterirdisch bezeichnen."

Ein Langzeitstudent der Medienwirtschaft antwortet auf die Frage, ob er sein Studium als schwierig empfinde:

„Überhaupt nicht, vielleicht eine 1-, wenn 1 das leichteste ist. Es gibt ein bis zwei schwierige Fächer, weil man dort wirklich etwas wissen und nicht nur auswendig lernen muss, auch wenn diese Fächer für unseren Studiengang total sinnfrei sind."

Zwischen den Fachbereichen gibt es hier aber Unterschiede. Ein Wirtschaftsstudent im 13. Fachsemester gibt an:

„Man kann nicht sagen, das komplette Studium sei schwer. Die Schwerpunkte kann man danach wählen, was einem liegt und was man machen möchte, und es gibt eben einfach bestimmte Fächer, die sehr schwierig sind. Ich würde sagen 3-4, eher 3. Manche Fächer sind doch schwieriger, dass man Probleme haben könnte, da durchzukommen."

Die Kontrollgruppe sah dies ähnlich. Sie bewertete den Schwierigkeitsgrad ihres Studiums mit einer Durchschnittsnote von 2,9. In den Interviews mit der Kontrollgruppe wurde klar, dass diese ihr Studium schnell und effektiv absolviert, ohne dass sie einen stark erhöhten Arbeitsaufwand erbringt. Der trotzdem etwas höhere Wert bei der Benotung des Schwierigkeitsgrades des Studiums der Kontrollgruppe lässt sich deshalb eher auf das Gefühl einer als neu empfundenen Lernumgebung, die Umstellung des Lernsystems von Schule auf Hochschule oder die fehlende Erfahrung zurückführen als auf Schwierigkeiten mit dem Lernstoff.

Auffällig ist jedoch die deutlich schlechtere Benotung durch die Überschreiter. Diese kamen insgesamt auf eine Durchschnittsnote von 3,6. Von den befragten Überschreitern empfinden 60 Prozent ihr Studium als relativ schwierig. Eine Überschreiterin des Studiengangs Tourismuswirtschaft gibt hierzu an:

„Es ist auf jeden Fall schwieriger, als ich gedacht habe. Auch vom Anspruch her ist es schwieriger, weil es halt immer sechs Klausuren sind, die immer aufeinander folgen. Und bei mir ist es meistens so, dass ich in keinem Semester sechs Klausuren schaffe, sondern drei oder vier mitschreibe. Die bestehe ich dann meistens, aber manchmal falle ich auch durch. Ich bin auch schon oft im Drittversuch gewesen. Es ist halt diese Menge, und ich bin nicht so gut im viel auswendig lernen. Wenn ich daran denke, wie ich mein Abi geschrieben habe. Das ganze Abi ist hier wie eine Klausur und wenn ich dann versuchen muss, sechs zu schreiben, und dann auch noch die mit Mathe, wo ich sowieso Probleme habe. Ich habe einfach zu wenig Zeit dafür, und deswegen muss ich das dann immer schieben. Ich melde mich auch oft kurz vorher ab, weil ich das einfach nicht rechtzeitig schaffe."

Es wird aus vielen der Interviews der Überschreiter klar, dass massive Probleme mit der Selbstorganisation und der Schwierigkeit und Menge des Lernstoffs vorliegen. Viele der Studierenden, die durch mehrere Prüfungen durchgefallen sind, versuchen nun, die sich aufstauenden Module nach und nach abzubauen. Die deutlichen Probleme mit den Lerninhalten und der erhöhte Druck, der durch das Nichtbestehen einer Klausur entsteht, führen dazu, dass der Überschreiter das Studium als schwierig und als größere Hürde ansieht. Eine Studierende, welche die Regelstudienzeit überschreitet und sich momentan im achten Semester befindet, erzählt über ihr Studium wie folgt:

> *„Bisher lief es eigentlich immer sehr holprig, würde ich sagen. Also man ist halt oft irgendwo durchgefallen, musste Sachen nachholen, hat dann aus Angst Sachen geschoben. Meine Erwartungen waren eigentlich eher, dass es ja halb so wild sein würde. Dass man das schon irgendwie schafft. Also ich meine, man schafft es ja auch irgendwie, es dauert dann nur halt länger. Vor allem, weil ich halt auch sehe, dass viele andere auch [die Regelstudienzeit] überziehen müssen, weil sie es nicht schaffen. Und dann denke ich, so einfach ist das halt nicht."*

Als Hypothese lässt sich folglich formulieren:

H7: Überschreiter empfinden ihr Studium als schwierig, Langzeitstudierende hingegen als eher leicht.

Neben dem Schwierigkeitsgrad wurden ebenso andere Aspekte des Studiums besprochen. Jedoch konnte hier kein Muster erkannt werden und somit keine eindeutige Aussage über die Einstellung der Studierenden zu diesen Aspekten getroffen werden. Es handelt sich vielmehr um Einzelfälle und spezielle Meinungsäußerungen wie zum Beispiel, dass ein Student die theoretische Ausrichtung des Studiums und den fehlenden Praxisbezug moniert. Außerdem wunderte sich eine Studentin über die starke Verschulung ihres Studiums.

Tabelle 10: Schwierigkeitsgrad des Studiums und Terminierung der Prüfungen

Merkmale	Langzeitstudierende	Überschreiter	Kontrollgruppe
Schwierigkeitsgrad Benotung (1 = leicht)	2,2	3,6	2,9
Terminierung der Prüfungen verzögert das Studium (in Prozent)	0	30	0

Quelle: Eigene Erhebung

Hilfestellungen der Fachbereiche

Die allgemeinen Rahmenbedingungen bzw. Hilfestellungen des jeweiligen Fachbereichs werden allgemein als breit und umfassend empfunden. So werden das Academic Writing des Academic Skills Support Service, die Einführung in das Literaturverwaltungsprogramm Citavi oder die Tutorien lobend erwähnt. Gerade letztere werden von Langzeitstudierenden wie auch von der Kontrollgruppe und den Überschreitern als hilfreich und in ihrer Qualität insgesamt gut bewertet. Auffällig ist, dass alle Studierenden der Kontrollgruppe das Tutorienangebot nutzen, obwohl sich dies eigentlich an Studierende mit Unterstützungsbedarf richtet. Die Gruppe der Überschreiter nimmt ebenfalls zu 100 Prozent an den angebotenen Tutorien teil und nutzt diese Hilfestellung der Fachbereiche zur Bewältigung ihres Studiums.

Als Hypothese lässt sich formulieren:

H8: Studierende überschreiten die Regelstudienzeit, obwohl sie auf die umfangreichen Hilfestellungen der Fachbereiche zurückgreifen.

Lediglich einige der Studierenden fühlen sich über die Angebote ihres Fachbereichs schlecht informiert. Insbesondere wenn die Eltern nicht studiert haben, sind gute Informationen beim Studieneinstieg von großer Bedeutung. So beschreibt ein Wirtschaftsstudent, der sich selbst als „Arbeiterkind" bezeichnet, welche Tipps er von Freunden statt vom Fachbereich erhalten hat:

> *„Wie der Stundenplan organisiert wird, welche Fächer man überhaupt besuchen muss oder zu welchem Professor man eher gehen sollte, allgemein wie die Organisation verläuft. Aber man lernt eigentlich, das ist meine Erfahrung, dass man wirklich erst nach den ersten zwei bis drei Semestern weiß, wie man wirklich alles machen kann: Das dauert eben sehr lange."*

Der Mangel an Informationen lässt sich aber nicht richtig erfragen, da Studierende keine Auskunft über Angebote geben können, die sie selbst nicht kennen. So erläutert ein Wirtschaftsstudent des zwölften Fachsemesters, der bei sich selbst fehlende Mathematik-Vorkenntnisse diagnostiziert:

> *„Und ich glaube, es gibt noch viel mehr Angebote, von denen ich aber gar nichts weiß, weil sie für mich auch nicht mehr relevant sind. Ich weiß, es gibt ein Tutorium für Makroökonomie. Ich weiß, es gibt ein Tutorium für Bilanzierung. Und ich weiß, wenn ich nicht weiterkomme, kann ich den Experten vom Academic Skills Support Service [für Mathematik] ansprechen und der wird mir helfen, wie ich die Formel lösen kann. Und alles andere ist einfach nicht mehr so präsent, und ich habe es auch nicht benötigt."*

Ungeachtet der Abfragbarkeit im Interview lässt sich hier folgende Hypothese festhalten:

H9: Wenn strukturelle Informationsdefizite in einem Fachbereich vorliegen, dann verlängert sich bei einigen Studierenden das Studium.

Die eigene Mathematikschwäche stellt für viele Überschreiter und Langzeitstudierende eine große Schwierigkeit dar. Problematisch ist es jedoch, dass einige von ihnen sich dieser Schwäche bewusst und auch über das Lernangebot der Fachbereiche für die Aufarbeitung fehlender mathematischer Grundlagen informiert sind, dieses jedoch trotzdem nicht nutzen. Die Studierenden schieben somit die mathematischen Module eher vor sich her und klagen über das Problem, anstatt diesem entgegenzuwirken. Dies ist eine Form der Prokrastination.

Tabelle 11: Nutzung der Tutorien

Merkmale	Langzeitstudierende	Überschreiter	Kontrollgruppe
Tutorien werden genutzt	77,78	100	100
Tutorien werden genutzt und als gut bewertet	44,44	80	75

Alle Angaben in Prozent
Quelle: Eigene Erhebung

Qualität der Vorlesungen

Auch die Qualität der einzelnen Vorlesungen inklusive Lehr- und Lernmaterial respektive die Charakteristika der einzelnen Lehrpersönlichkeiten können den Studienverlauf beschleunigen oder verlangsamen. Dabei werden die einzelnen Vorlesungen in ihrer Qualität von nahezu allen

Befragten (Langzeitstudierende, Überschreiter und Kontrollgruppe) als stark schwankend bewertet. So heißt es zum Beispiel:

> *„Das kann man wirklich differenziert sehen bzw. nicht verallgemeinern. Ich denke, dass es hier Vorlesungen gibt von gewissen Dozenten, die sind ein Mehrwert. Ich glaube aber auch, dass hier manche Vorlesungen abgeschafft werden könnten, deren Besuch kann man sich schenken, was ich in meinem Studium auch getan habe. Wenn ich keinen Wissenszuwachs durch eine Vorlesung habe, dann kann ich die Vorlesungsfolien auch vor der Klausur auswendig lernen, und das ist in Ordnung. Das liegt im Grunde genommen daran, dass Vorlesungsfolien eins zu eins vorgelesen werden. Es gibt keine Diskussionen, es gibt keine Exkurse, es gibt keine Fallbeispiele. Dann muss ich einfach sagen, das kann ich auch zuhause alleine machen. Und wenn in der Klausur sowieso nur gefordert ist, das auswendig gelernte Wissen abzufragen, dann muss ich mir auch keine Sorgen über Transferaufgaben machen und muss das nicht verstanden haben, sondern kann das einfach nur eins zu eins wiedergeben, wie es auf der Vorlesungsfolie steht.“*

Eine 25-jährige weiblicher Überschreiter äußert sich bezüglich der Qualität der Vorlesungen ähnlich:

> *„Ich finde, das ist von Fach zu Fach unterschiedlich. Es gibt Dozenten, die stellen viel Material bereit, und das ist auch sehr hilfreich. Es gibt manche Dozenten, wo ich sage, das könnte noch ziemlich ausgebaut werden. Wo man sich dann auch ein bisschen hilflos fühlt, wenn man dann gerade zu Hause ist, dann sitzt man da und denkt sich, was soll ich denn jetzt überhaupt lernen, wenn man keine Unterlagen hat. Da bin ich in der Hinsicht etwas, ja nicht unselbstständig, aber auch selbst nicht motiviert, da hinterherzugehen und mir selber meinen Lernstoff zusammenzusuchen.“*

Eine klare Hypothese, dass die Qualität der Vorlesungen die Studienzeit beeinflusse, lässt sich vor dem Hintergrund der Interviews nicht ableiten. Überhaupt scheinen die Rahmenbedingungen an der Hochschule so studierfreundlich zu sein, dass den befragten Studierenden hier kaum Handlungsbedarf im Hinblick auf eine Verkürzung der Studiendauer erschien.

5.5 Die Auswirkungen von Interessen, Präferenzen und Charakteristika der Studierenden

Orientierungslosigkeit

Laut Fries/Steinitz (2003) ist eine Orientierungslosigkeit der Studierenden oft Ursache für Studienverzögerungen. Einige Studierende wissen vielleicht nicht, weshalb sie studieren, wofür die Studieninhalte zu gebrauchen sind und ob ihr Zertifikat später für sie einen Wert hat. Was für Germanistische Linguistik an der Humboldt-Universität zu Berlin gilt, lässt sich bei den befragten Studierenden der Jade Hochschule aber nicht feststellen. Die geführten Interviews geben hier nur in Einzelfällen direkt einschlägige Auskunft, die meisten Interviewten sind von ihrem Studiengang aber überzeugt. Ausnahmen bestätigen die Regel, und so berichtet ein Langzeitstudierender, der das Studienfach nach über zehn Semestern gewechselt hat, über seinen ehemaligen Studiengang:

> *„Ich habe das so lange durchgezogen, weil ich das beenden und halt nicht abbrechen wollte. Und deswegen würde ich den Tipp geben, herauszufinden, was einem Spaß macht, und das dann*

machen. Weil ohne Spaß im Studium, das kann ich sagen, ist das nichts wert. Da fehlt dann die Motivation und man hat keine Lust. Und als ich Wirtschaftsinformatik studiert habe, konnte ich mir nicht vorstellen, wo ich später arbeiten kann. Also man kennt ja die Berufe, Netzwerkadministrator oder so. Aber ich hatte keine Lust, das zu lernen. Alle schwören auf SAP, aber ich mag SAP nicht, ich will das nicht machen. Und deshalb hat sich das bei mir so hinausgezögert. Denn ich hatte irgendwie keine Vorstellung davon, was ich halt gerne machen will. "

In einigen Fällen kommt es zu Wechseln des Studienganges. Dies kann zu Verzögerungen im Studienverlauf führen, die Wechselentscheidung ist aber nicht als Orientierungslosigkeit auszulegen. Eine Studierende, welche die Regelstudienzeit deutlich überschreiten wird, gibt an, dass sie im Verlauf ihres Studiums bemerkt habe, sich doch nicht auf den tourismuswirtschaftlichen Bereich spezialisieren zu wollen:

„Also ich wusste von Anfang an irgendwie gar nicht, was ich studieren wollte. Und dann habe ich mich für mehrere Sachen beworben. Und Tourismuswirtschaft klang irgendwie interessant, und dann bin ich eben hierher [nach Wilhelmshaven] gezogen. Und dann ist mir [nach zwei Semestern] irgendwie aufgefallen, dass ich mich doch nicht zu sehr an den Tourismus binden wollte. Und dann habe ich gewechselt, weil ich doch nicht den touristischen Bereich machen wollte. "

Fast alle der interviewten Überschreiter und Langzeitstudierenden wirken keineswegs orientierungslos, was den Sinn und Zweck ihres Studiums angeht.

Hypothese:

H10: Die Studierenden an der Jade Hochschule überschreiten nicht aus Orientierungslosigkeit ihre Regelstudienzeit.

Was hingegen deutlich wird, ist, dass ein Langzeitstudium durchaus auf freiwillige, bewusste Entscheidungen der Studierenden zurückgeht, etwa weil der Verbleib im Studium als angenehmer empfunden wird als der Eintritt ins Arbeitsleben. 56 Prozent der Langzeitstudierenden äußern sich dahingehend, dass für sie ein zügiges Studium nicht von Bedeutung sei. Ein Student der Medienwirtschaft erklärt dies wie folgt:

„Ich weiß auch nicht, warum man in der Regelstudienzeit fertig werden möchte. Das ist mir zu kurzfristig, und man bekommt nicht so viel vom Studentenleben mit. Ich habe ja auch diese B2B-Kontakte. Und wenn ich sehe, unter welchem Druck die stehen – die sind ja auch selbstständig – die sind Unternehmer und Geschäftsführer, und man redet dann mit denen. Die wissen auch, dass eine Leistung ihren Preis hat, aber die fangen dann an, wenn man einen Preis nennt, dass die sagen, damit haben wir jetzt nicht gerechnet. Wenn man da auf jeden Cent achten muss, dann würde mir das auch keinen Spaß machen. Und warum soll ich dann das Studentenleben aufgeben, und dann mit den Leuten kommunizieren. Das macht auch noch weniger Spaß. "

Tabelle 12: Die bewusste Entscheidung

Merkmale	Langzeitstudierende	Überschreiter	Kontrollgruppe
Studienverzögerungen sind eine freiwillige, bewusste Entscheidung	56	10	0

Alle Angaben in Prozent
Quelle: Eigene Erhebung

Bei den Überschreitern ist dies anders: Die meisten Überschreiter studieren nicht aufgrund einer freiwilligen Entscheidung länger. Lediglich eine Studierende nannte die Geburt ihres Kindes als Grund für eine freiwillige Verzögerung ihres Studiums. Ansonsten sind Hindernisse und Schwierigkeiten die Ursachen, die das Studium ungewollt verzögern. Bei einigen Studierenden ist die Entscheidung, länger zu studieren, zwar bewusst gefällt worden, basiert aber eindeutig auf den Schwierigkeiten im Studiengang und nicht auf dem Wunsch, lange an der Jade Hochschule zu verbleiben.

So sagt ein Student der Medienwirtschaft im derzeit neunten Semester, der voraussichtlich noch zwei bis drei Semester bis zum Abschluss benötigt:

> *„Mein Studium lief im Prinzip auch, wie man es erwarten könnte. Also ich bin halt keine große Leuchte, sagen wir es mal so. Und ich mache halt auch vieles noch nebenbei. Von daher ist das auch der Grund warum ich länger brauche. Also ich könnte da jetzt irgendeinen Schuldigen suchen oder sowas. Aber das liegt schon daran, dass ich halt keine große Leuchte bin, und dass ich halt nebenbei noch ein paar Sachen mache."*

Als Hypothese wird wie folgt formuliert:

H11: Während die Mehrzahl der Langzeitstudierenden sich bewusst für ein solch langes Studium entschieden hat, weil sie zum Beispiel nebenbei einen interessanten Job haben oder einen weiteren Abschluss erlangen wollen, überschreiten die Überschreiter die Regelstudienzeit fast alle unfreiwillig.

Lebensmittelpunkt

Zu Verzögerungen im Studium kommt es vor allem dann, wenn das Studium nicht der Lebensmittelpunkt der Studierenden ist. Dies ist bei 22 Prozent der Langzeitstudierenden der Fall. So sagt ein Langzeitstudent, dessen beide Elternteile während seiner Studienzeit nacheinander verstarben:

> *„Jetzt im Moment lief das Studium eher nebenbei. Ich wollte es abschließen, wollte natürlich auch, dass meine Eltern das miterleben. Und dann hab ich mich wieder beeilt, aber dann kam das mit meiner Mutter."*

Die meisten Langzeitstudierenden geben allerdings an, dass sie die Vorlesungen regelmäßig besuchen und das Studium ihr Lebensmittelpunkt sei (vgl. Tabelle 13). So wohnen auch fast alle Langzeitstudierenden in der Nähe der Hochschule. Lange Anfahrtswege stellen somit kein Problem für diese Gruppe der Studierenden dar. Auch gab nur ein Langzeitstudent an, dass er ein zeitintensives Hobby neben seinem Studium ausübe.

Auch bei den Überschreitern ist das Studium üblicherweise der Lebensmittelpunkt. Zwar geben einige Studierende zeitintensive Nebenjobs an, so eine Studierende des Fachbereichs Wirtschaft:

> *„Ich arbeite nebenbei im Einzelhandel und habe mich jetzt selbstständig gemacht. Und mache nebenbei, weil das im Einzelhandel nicht so gut klappt, noch auf Stundenbasis etwas in der Pflege."*

Aber niemand von den befragten Überschreitern gibt im Interview an, dass weniger als 50 Prozent der Zeit dem Studium gewidmet werden, womit für den tabellarischen Überblick das Studium als Lebensmittelpunkt gewertet wurde.

Folgende Hypothese lässt sich in diesem Zusammenhang aufstellen:

H12: Bei den Langzeitstudierenden ist das Studium nicht immer der Lebensmittelpunkt, was eine Erklärung für die lange Studiendauer darstellt. Bei den Überschreitern hingegen stellt das Studium üblicherweise den Lebensmittelpunkt dar.

Allerdings gaben 30 Prozent der Überschreiter längere Anfahrtswege als hinderlich für ihr Studium an (vgl. Tabelle 13). Eine der befragten Personen pendelt täglich, eine andere besucht häufiger im Semester ihre Eltern in Süddeutschland, wofür sie auch Vorlesungstage ausfallen lässt:

> *„Ja, am Anfang bin ich mehr heimgefahren, ja. Also auch nicht so oft, das Semester geht ja auch nur drei bis vier Monate und dann lohnt sich das eigentlich auch nicht, wenn ich weniger wie eine Woche zu Hause bin, und dann würde ich ja auch wieder Stoff verpassen. Also ich fahre meistens mit dem Zug, das sind dann auch sieben bis acht Stunden. Für ein Wochenende bringt das nicht viel, genau. Meist fällt die ganze Woche aus. Also ich versuche das dann auch meistens so zu legen, wenn Feiertage sind, also, dass ich so wenig wie möglich verpasse. Aber da kommen natürlich dann ein paar Tage vor, die ich dann verpasse, ja."*

Folgende Hypothese kann formuliert werden:

H13: Wer nicht aus Wilhelmshaven kommt, seine sozialen Kontakte daheim oft pflegen möchte oder die Stadt Wilhelmshaven als Wohnort ablehnt und daher längere Anfahrtszeiten hat, studiert unter Umständen länger.

Abgefragt im Interview wurde auch, ob aus einem breitgefächerten Interesse heraus viele nicht für den Studienabschluss benötigte Veranstaltungen besucht wurden. In einem vor den Interviews geführten Probeinterview wurde dies als mögliche Ursache angeführt. In den Interviews spielte es als Grund aber keine Rolle.

Prüfungsangst

Zwei Langzeitstudierende führten massive Prüfungsangst als Grund für die Verzögerungen im Studium an. So erklärte ein 31-jähriger Maschinenbaustudent:

> *„Das hängt halt mit meinem Scheitern im Studium davor zusammen. Ich hatte gerade die ersten beiden Semester so unfassbare Prüfungsangst, weil ich mich selber auch so unter Druck gesetzt*

habe. Es ist ja so, dass auch jede Klausur dann für die Endnote zählt. Und dann setzt man sich ja auch selber schon ziemlich stark unter Druck."

Ein Wirtschaftsstudent im zwölften. Fachsemester führt aus:

„Einen Grund darf ich noch nennen: Das ist die Prüfungsangst - ganz massive Prüfungsangst. Und das hört sich jetzt alles vielleicht ein bisschen witzig an, aber ich kriege diese Prüfungsangst, sage ich einfach mal, nicht mehr in den Griff. Dafür habe ich sie schon viel zu lange, das ging in der 11. Klasse schon los. Ich glaube in der 10. Klasse sogar schon, und ich habe da halt nie etwas gegen gemacht. Vielleicht auch weil man mit dem Allgemeinen auf der psycho-pädagogischen Ebene nicht weitergekommen ist. Das hat keinen Erfolg gebracht. Nun hat es im letzten Jahr die folgende Situation gegeben, dass ich nämlich plötzlich über akute körperliche Beeinträchtigung geklagt habe. Da sagte mein Hausarzt: ja, kein Wunder, Du hast einen Blutdruck von 240 zu 185. Ja, woran liegt denn das? Ja, Klausurenangst. Und da hat sich diese Klausurenangst so stark auf den Körper ausgewirkt, dass ich jetzt in der Klausurenphase vom Arzt verschriebene ganz legale Sachen zu mir nehme, wo ich sage, ok! Wenn es das jetzt ist, dann schade, leider erst jetzt, aber damit kann ich super leben."

Bei den Überschreitern wurde Prüfungsangst nicht explizit als Grund angeführt.

Als Hypothese lässt sich daher formulieren:

H14: Wer unter Prüfungsangst leidet, schiebt Klausuren vor sich her und studiert daher länger. Dies kann auch ein eigenständiger Grund sein, Langzeitstudierende(r) zu werden.

Dabei ist mit dem Begriff vorsichtig umzugehen: Prüfungsangst wird von den Betroffenen bei einem solchen qualitativen Interview subjektiv interpretiert. Je nach Begriffsverständnis wurden von den Befragten möglicherweise schon extreme Nervosität und Anspannung mit unter den Begriff subsumiert.

Psychische Belastung

Ein Studium kann als stressig in negativer Hinsicht empfunden werden. Stressfaktoren, die hierbei eine Rolle spielen, können unterschiedlichen Ursachen entstammen. Neben dem Stress, der durch das Studium ausgelöst werden kann, ergeben sich Stressfaktoren auch aus dem ungewohnten studentischen Alltag, aus der Interaktion mit den Mitmenschen, oder, wenn die Studierenden sich mit eigens erstellten Zielen unter Druck setzen. Dies hat zur Folge, dass Studierende während und wohlmöglich auch nach Beendigung ihres Studiums mit starken psychischen Belastungen zu kämpfen haben und gesundheitliche Schäden zurückbleiben. Besonders durch die Bologna-Reform und dem damit einhergehenden Übergang vom Diplom- zum einheitlichen Bachelor-/Masterstudium scheint das Stresslevel der Studierenden massiv gestiegen zu sein. Gründe dafür könnten neue Herausforderungen wie zum Beispiel erhöhter Leistungs- und Notendruck bei den Studierenden sein.

Zu diesem Thema wurde im Zeitraum 22. Juni bis 22. Juli 2016 eine Studie vom Lehrstuhl für Marketing der Universität Potsdam und dem Lehrstuhl für Marketing und Business Development der Universität Hohenheim im Auftrag des AOK-Bundesverbandes durchgeführt (Herbst et al., 2016). In einer repräsentativen Online-Befragung wurden 18.214 Studierende, welche unterschiedlichen Hochschulformen, Fachrichtungen, Abschlussarten und Regionen entstammen, befragt. Insgesamt kamen Ergebnisse von 392 Hochschulen Deutschlands zusammen. Herbst et al. (2016) nutzten den Perceived Stress Scale (PSS) nach Cohen (1983) zur Messung des Stresslevels der Studierenden. Eine Messung erfolgt hier über zehn Items, welche abbilden, inwieweit die Befragten ihre Lebenssituation als unvorhersehbar, unkontrollierbar und überlastet wahrnehmen und somit als stressig empfinden. Um bei den befragten Studierenden die Fähigkeit von Stressabwehr und Stressumgang zu messen, wurde die Resilienz-Skala – RS 13 von Cohen (1983, 1988), Schumacher et al. (2005) und Leppert et al. (2008) verwendet. Herbst et al. (2016) teilen die Stressfaktoren basierend auf einer explorativen Vorstudie mit Tiefeninterviews in vier übergeordnete Stresskategorien/Stressdimensionen auf:

➢ hochschulbezogener Stress (Einstieg in das Studium und die Studienwahl, Organisation von Studium und Semester, Lehrveranstaltungen und Prüfungen),
➢ intrapersoneller Stress (u. a. geforderte Selbstständigkeit im alltäglichen Leben, eigene Erwartungen, unstetiger Lebensstil und fehlende Zukunftsperspektiven sowie Zukunftsangst),
➢ interpersoneller Stress (Interaktion mit Mitmenschen, u. a. soziale Interaktionen mit Eltern, Freunden und Kommilitonen, die nebenbei als ebenfalls stressig beschrieben wird, Konkurrenzkampf, ständige Erreichbarkeit durch heutige Technologien, Kontakt mit Professoren, Kind/Pflegefall),
➢ alltagsbezogener Stress (u .a. Alltagsorganisation, zeitliche Vereinbarung von Studium und anderen Aktivitäten, Fahrtwege, finanzielle Situation, Freizeitstress).

Die Online-Befragung wurde in vier aufeinanderfolgende Frageblöcke geteilt:

➢ soziodemografische Merkmale,
➢ wahrgenommener Stress in den vier Stressdimensionen,
➢ Resilienz und Präventionstechniken,
➢ „Wunschliste der Studierenden" (Angebote und Maßnahmen).

Stress wurde in vorliegender Studie aus Sicht der Studierenden vor allem mit „Zeitdruck", „Leistungsdruck", „Überforderung", „Erwartungsdruck", „Nervosität/innere Unruhe" und „(Selbst-)Zweifel" in Verbindung gebracht. Es ergab sich außerdem, dass die Studierenden mit dem Stress im Studium insgesamt nicht besonders gut zurechtkommen und daher nicht selten ihr Studium abbrechen oder aber gesundheitliche Schäden davontragen. Auffällig ist in diesem Zusammenhang, dass 53 Prozent der befragten Studierenden nach eigener Einschätzung durch ein hohes Stresslevel gekennzeichnet sind. Nur bei fünf Prozent der Befragten ergab sich ein geringer Stresslevel.

Die von Herbst et al. (2016) befragten Studierenden waren überwiegend männlich (51,6 Prozent) mit deutscher Staatsbürgerschaft (93 Prozent) und wiesen im Durchschnitt ein Alter von 23,94 Jahren auf. Die meisten Studierenden kamen aus den Bundesländern Baden-

Württemberg und Bayern und strebten zu 59 Prozent einen Bachelor-Abschluss an. 37 Prozent studierten an einer Fachhochschule, 58 Prozent an einer Universität, drei Prozent an einer Dualen Hochschule und ein Prozent der Befragten an einer Pädagogischen Hochschule. Zu den Studienfächern der Befragten gehören „Rechts-/Wirtschafts- und Sozialwissenschaften", „Mathematik/Naturwissenschaften", „Humanmedizin/Gesundheitswissenschaften" und Geisteswissenschaften.

Als Ergebnisse halten Herbst et al. (2016) fest: Fachhochschüler_innen fühlen sich gestresster als Studierende an Universitäten. 56 Prozent der Fachhochschüler_innen und 52 Prozent der Universitätsstudierenden weisen einen zu hohen Stresslevel auf. Ebenso sind die Befragten der staatlichen Hochschulen signifikant gestresster als die der privaten Hochschulen. Bachelor-Studierende fühlen sich stärker belastet als Master-, Diplom-, oder Staatsexamenstudierende.

Damit weisen die im Rahmen der Studie an der Jade Hochschule befragten Studierenden eine besondere Anfälligkeit für ein hohes Stresslevel auf (staatliche Fachhochschule mit Bachelorabschluss).

Weibliche Studierende sind laut Herbst et al. (2016) signifikant gestresster als ihre männlichen Kommilitonen. Studierende aus Nordrhein-Westfahlen, Sachsen-Anhalt und Saarland weisen den höchsten Stresslevel auf, Niedersachsen liegt hier im Mittelfeld (vgl. Herbst et al. (2016), S. 27).

Studierende, die ihr Studium voraussichtlich in der vorgesehenen Regelstudienzeit abschließen werden und wollen, sind weniger gestresst als Studierende, denen dies voraussichtlich nicht gelingen wird. Hier wird vermutet, dass Stress im Studium vor allem auch von den Organisationsfähigkeiten der Studierenden in ihrem Studium abhängt. Studierenden mit festem Plan und reibungslosem Studienverlauf fällt es leichter, Studium, Alltag und Umfeld konsequent und geregelt wahrzunehmen.

Interessant ist außerdem die Erkenntnis, dass Studierende, die einer Nebenbeschäftigung nachgehen, sich weniger gestresst fühlen als Studierende ohne Nebenbeschäftigung (Nebenbeschäftigung bis zu 15h/Woche). Die Nebenbeschäftigung scheint für die Befragten eine Art Auszeit und Ruhephase neben dem Studium darzustellen. Die meisten der befragten Studierenden bringen mehr als 40 Stunden pro Woche für ihr Studium auf. Nur 21 Prozent investieren weniger als 20 Stunden. Hier besteht jedoch ein Zusammenhang mit den 55 Prozent Studierenden, welche eine Nebentätigkeit ausüben. 36,5 Prozent von ihnen arbeiten mehr als 15 Stunden pro Woche und fühlen sich deswegen doch gestresster als ihre Kommilitoninnen und Kommilitonen. Sie schaffen es nebenbei nicht mehr, genug Zeit für ihr Studium zu investieren.

Die hochschulbezogenen Ursachen stellen den wichtigsten und ausschlaggebenden Stressoren-Bereich dar. Innerhalb dieses Bereichs der hochschulbezogenen Ursachen wird den Prüfungen die größte Stressverursachung beigemessen. Studierende empfinden aber auch

Alltagsfragen oftmals als stresserzeugend. Beispielsweise wird die zeitliche Vereinbarkeit des Studiums mit anderen Aktivitäten als wichtiger Stressfaktor im Studium wahrgenommen. Ein nicht unerheblicher Teil des empfundenen Stresses von Studierenden ist auf eine hohe eigene Erwartung zurückzuführen - dies ist ein Faktor der Stressdimension „intrapersoneller Stress". Interpersoneller Stress, der z. B. durch Konkurrenzdruck zwischen den Studierenden entstehen kann, spielt für Studierende keine große Rolle.

Die Fähigkeit, gut mit Stress umzugehen und dem Stress schnell entgegenzuwirken, beherrschen 33,3 Prozent der Studierenden in hohem Maße. Auffällig sind jedoch die 44 Prozent der Probandinnen und Probanden, die nur eine sehr geringe Stressresilienz aufweisen. Viele der Studierenden mit geringer Stressresilienz sind weiblichen Geschlechts, überwiegend Fachhochschüler_innen und gehen keiner Nebenbeschäftigung nach.

Im vierten und letzten Frageblock der Online-Befragung sollten Wünsche und Bedürfnisse der Studierenden in Bezug auf Angebote und Maßnahmen zur Stressbewältigung und Stressprävention festgestellt werden. 73,1 Prozent der Teilnehmer_innen wünschen sich mehr persönliche Beratungsangebote in Form der Einzelberatung, 35,6 Prozent vermissen Informationen über Homepages und 34,3 Prozent würden eine schriftliche Beratung als sinnvoll und hilfreich erachten. Problematisch ist in diesem Zusammenhang, dass von allgemeiner Studienberatung bis zu speziellen Angeboten der psychologischen Betreuung bereits viele Angebote an den Hochschulen und Universitäten vorhanden sind und die Studierenden auch ausreichend über deren Existenz informiert werden. Allerdings nutzen nur die wenigsten Studierenden die Angebote – trotz durchaus bestehenden Bedarfs. Mehr als 70 Prozent haben noch nie ein unterstützendes Angebot genutzt. Es wird vermutet, dass die Angst, als krank eingestuft zu werden, Zeitmangel oder fehlende Ansprechpartner Hinderungsgründe für die Nutzung darstellen.

Abschließend wurden die Studierenden gefragt, warum sie keine Unterstützung bei der Bewältigung von Stress und Problemen im Studium annehmen. 68 Prozent antworteten daraufhin, dass sie ihre Probleme schon selbst gelöst haben. 62,8 Prozent sind der Auffassung, dass ihre Probleme keine professionelle Beratung erfordern. Viele empfinden ihre Probleme als nicht gravierend genug (48 Prozent) oder denken nicht, dass Beratungsangebote ihnen helfen könnten (38 Prozent).

Die auffallenden Ergebnisse zur Zunahme psychischer Belastungen infolge der Bologna-Reform sind Anlass, auch in der vorliegenden Studie psychische Belastungen als mögliche Ursache einer unfreiwilligen Verlängerung der Studienzeit zu untersuchen. Auch die geführten Interviews deuten vereinzelt auf diese Ursache hin. Ein Drittel der befragten Langzeitstudierenden sowie 30 Prozent der Überschreiter klagten über eine hohe psychische Belastung während ihrer Studienzeit (vgl. Tabelle 13). Teilweise werde diese durch das Studium ausgelöst. Ein 31-jähriger Student gab zu Protokoll:

> *„Wenn du voll gegen die Wand damit fährst, ist es klar, dass du da nicht unbedingt im Hochgenuss der Gefühle bist und dir ziemlich beschissen vorkommst, vor allem, wenn dich der eigene Vater dann noch als Versager abstempelt. Was weiß ich, vielleicht hätte ich mal irgendwo auf die Couch gemusst. Im Nachhinein könnte ich mir durchaus vorstellen, dass ich da psychisch in so einem Loch war und das alles damit zusammenhängt, aber das habe ich, Gott sei Dank, alles hinter mir gelassen."*

Eine Studierende, welche die Regelstudienzeit im Fachbereich Wirtschaft deutlich überschreiten wird, weist darauf hin, dass Schwierigkeiten in den Klausuren, die damit einhergehende hohe psychische Belastung und aufkommende finanzielle Probleme oft in einem Teufelskreis stehen und sich gegenseitig verstärken:

> *„Ich war krank in der mündlichen Statistik Nachprüfung, weil ich so einen Stress hatte. Ich hatte einen Hörsturz. Mir ging es ein halbes Jahr lang gar nicht gut: Stressabfall, nach zwei Monaten ging gar nichts mehr. Dann habe ich natürlich die Belege dazu eingereicht beim BAföG-Amt und dann haben die das natürlich komplett abgeblockt, obwohl ich bei drei oder vier Ärzten war, die das belegt haben. Und dann bin ich trotzdem aus dem System sozusagen herausgefallen. Und das finde ich schade, weil man ja trotzdem dann entweder einen Kredit aufnehmen muss oder man muss wieder so viel arbeiten. Und was ist förderlicher? Genau, dann brauche ich diese finanzielle Hilfe."*

Aber nicht bei allen Studierenden ist das Studium Auslöser der Stresssituation. So äußerte sich ein Studierender wie folgt:

> *„Anschließend ist dann mein Vater verstorben, das hat mich ziemlich psychisch heruntergedrückt. Dann habe ich ein Semester ausgesetzt. Vorher hatte ich geheiratet und genau neun Monate später ist mein Sohn geboren. Das hat bei mir was Psychisches ausgelöst, und ich war erst einmal überhaupt nicht studierfähig."*

Der Tod eines Elternteiles ist bei einigen Studierenden durch die damit verbundene psychische Belastung Auslöser einer Verzögerung im Studium.

> *„Also die erste Hürde war, als mein leiblicher Vater gestorben ist und ich da dann einen totalen Hänger hatte und nichts mehr geschafft habe. Ich bin morgens nicht aufgestanden und habe dementsprechend auch nicht die Uni besucht. Es hat mich doch ziemlich runtergezogen im Leben. Und es hat auch ein bisschen gedauert, bis ich da wieder herauskam aus dieser Situation. Ich bin dann zu dem Entschluss gekommen, dass ich ein Auslandssemester machen möchte, um allgemein einmal Deutschland zu verlassen und meine Umgebung und meine Freunde und Familie zu verlassen, um einfach mich selbst mit dieser Situation auseinanderzusetzen. Das hat auch total gut funktioniert für mich selbst und mittlerweile bin ich auch wieder auf einem ganz guten Weg."*

Hieraus lässt sich folgende Hypothese gewinnen:

H15: Hohe psychische Belastungen können sich aus dem Studium heraus oder aus dem privaten Bereich ergeben und verzögern mitunter den Verlauf des Studiums.

Tabelle 13: Interessen, Präferenzen und Charakteristika der Studierenden

Merkmale	Langzeitstudierende	Überschreiter	Kontrollgruppe
Studium ist nicht Lebensmittelpunkt	22	0	0
Prüfungsangst	22	0	0
Hohe psychische Belastung	33	30	0
Lange Anfahrtswege	0	30	0
Zeitintensive Hobbies	11	10	13
Breitgefächertes Interesse	0	0	0

Alle Angaben in Prozent
Quelle: Eigene Erhebung

5.6 Die Auswirkungen des Lernverhaltens

Vorlesungsbesuch, Selbststudium und Nacharbeiten

100 Prozent der Befragten in der Kontrollgruppe besuchen regelmäßig die Vorlesung. Bei den Langzeitstudierenden sind es nur 66,67 Prozent und bei den Überschreitern nur 50 Prozent (vgl Tabelle 14).

In der Kontrollgruppe bereitet nur ein Drittel der Befragten die Vorlesung vor und nach. Wie eine der Interviewenden erklärte, zeigten sich die Studierenden der Kontrollgruppe bei dieser Frage amüsiert. Antworten lauteten zum Beispiel:

> *„Eigentlich nicht. Es sei denn, das ist so eine Art Hausaufgabe, dann mach ich das schon. Aber ich lerne jetzt nicht."*

Dafür bereiten die Langzeitstudierenden, die die Vorlesung regelmäßig besuchen, diese zu einem großen Anteil im Selbststudium vor und nach. Allerdings muss man bei Langzeitstudierenden differenzieren, wer im Erst-, Zweit- oder Drittstudium ist. Insbesondere Langzeitstudierende, die bereits Studiengänge erfolgreich abgeschlossen haben, antworten auf die Frage nach Vorlesungsvor- und -nachbereitung beispielsweise:

> *„Ich schreibe immer ganz viel mit in der Lehrveranstaltung. Zum einen habe ich eine sehr schlechte Handschrift und zum anderen ist es auch ein guter Wiederholungswert für mich, dass ich die Sachen, die ich dann in der Vorlesung mitgeschrieben habe, unmittelbar danach nochmal ins Reine schreibe; und wenn es Aufgaben gibt, dann mache ich die auch immer. Und meine ganzen Mitschriften gehe ich dann nochmal durch, wenn es ans Lernen halt ran geht. Sodass ich das quasi dann alles schon vorbereitet habe und weiß, das habe ich dann alles schon irgendwo stehen, und dann systematisiere ich das dann noch ein bisschen und bringe dann noch etwas mehr Ordnung rein."*

Die Gruppe der Überschreiter zeigt dagegen ein zweigeteiltes Bild. Es werden sehr unterschiedliche Aussagen darüber getroffen, Vorlesungen nicht regelmäßig zu besuchen. Eine Wirtschaftsstudentin in dieser Gruppe beschreibt ihre Semesteranfänge wie folgt:

„Ich bin eher so, dass ich die ersten vier Wochen liegen lasse. Ich versuche, nicht komplett in der Vorlesung zu sitzen und überhaupt nicht zu wissen, worum es geht. Ich mache in den ersten vier Wochen eigentlich nicht wirklich viel und dann fange ich an, alles zu wiederholen."

Ein Wirtschaftsingenieurstudent antwortet auf die Frage, ob er regelmäßig in Vorlesungen geht:

„Nein, würde ich nicht sagen. An allen nehme ich nicht teil. Ich versuche es. Also bei uns ist es so, dass wir Stundenpläne haben pro Semester, dass sich natürlich auch Kurse überschneiden, und dann ist es teilweise nicht möglich. Aber ein anderer Grund ist natürlich auch Faulheit."

Den Einstieg in den Prüfungszeitraum empfindet er folgendermaßen:

„Also erstmal bereut man, dass man nicht regelmäßig bei den Vorlesungen war. Wir lernen meistens in Lerngruppen und versuchen, den Stoff durch Vorlesungsunterlagen nachzuholen."

Ein Student des Medienwirtschafts- und Journalismus-Studiengangs war zu Studienbeginn regelmäßiger in Vorlesungen:

„Habe ich früher gemacht, jetzt eigentlich gar nicht mehr. Vor allem wegen der Projekte, teilweise aber auch, weil manches so früh morgens ist, da komme ich schon mal nicht aus den Federn. Und dann kann man sich manche Vorlesungen auch echt sparen."

Auch bei jenen Überschreitern, welche die Vorlesungen regelmäßig besuchen, findet keine kontinuierliche Vor- und Nachbereitung statt. Eine überschreitende Tourismusstudentin antwortet auf die Frage, ob sie die Vorlesungen nachbereitet:

„Manchmal schon, aber es ist eher der seltene Fall. In Fächern, die mich interessieren, mach ich das. In den mittleren Fächern mach ich es meist nicht. In Fächern, wo ich es sehr einfach verstehe und wo im Prinzip ein Interesse dahinter steckt, da mach ich es auch, und in Fächern, die etwas schwieriger sind, auch, damit ich es richtig verstehen kann. Also so fifty-fifty sag ich mal. [Wenn ich nicht mehr mitkomme, bereite ich ein bisschen nach.] Natürlich nicht hundertprozentig, wie man es eigentlich hätte tun sollen. Aber ein bisschen auf jeden Fall."

Als Hypothese lässt sich erstens ableiten:

H16: Wenn Studierende bereits lange studieren und insbesondere andere Studiengänge erfolgreich absolviert haben, bereiten sie eher den Vorlesungsstoff systematisch vor und nach.

Zweitens lässt sich hier die Hypothese formulieren:

H17: Zum erfolgreichen Studium in Regelstudienzeit ist in vielen Studienfächern ein regelmäßiges Vor- und Nachbereiten der Vorlesungen nicht notwendig, wenn die Vorlesungen regelmäßig besucht werden.

Drittens lässt sich die Hypothese ableiten:

H22: Wer die Vorlesung regelmäßig besucht, aber bei ernsthaften Verständnisschwierigkeiten nicht nachbereitet, wird zum Überschreiter.

Die vierte Hypothese hierzu lautet:

Effektivität des Lernens

Langzeitstudierende, die noch keine Studiengänge zuvor absolviert haben, gehen beim Lernen weniger effektiv vor. So äußert ein Medienwirtschaftler höheren Semesters:

> *„Nein, ich glaube nicht, dass ich beim Lernen effektiv vorgehe. Das muss ich ganz ehrlich sagen, weil ich mich eigentlich dem System anpasse und das System ist diese Bulimie-Lern-Geschichte. Und ich glaube, dass da sehr wenig hängen bleibt, gerade bei Fächern, wo ich mich persönlich nicht für interessiere. Und außerdem kann ich nur durch Druck wirklich lernen. Was natürlich mega stressig ist, aber ich bin keiner, der das ganze Semester über lernt. Von daher würde ich mir da wahrscheinlich die Schulnote 4 für geben."*

Aber auch in der Kontrollgruppe ist es weit verbreitet, erst in der Prüfungszeit zu lernen. Ein Tourismuswirtschaftler kommentiert dies wie folgt:

> *„Während der Vorlesungszeit mach ich es eigentlich so, dass ich Aufgaben, die man zum nächsten Mal erledigen soll, auch mache. Ich finde, dadurch kann man die Sachen gut wiederholen, und dann macht man die Aufgaben und kann beim nächsten Mal gut folgen. Was das Lernen angeht, muss ich sagen, fang ich wirklich erst ein paar Wochen vor den Prüfungen an."*

Alles in allem benoten sich jedoch Studierende der Kontrollgruppe im Durchschnitt besser als die Langzeitstudierenden, was die Effektivität ihres Lernens angeht. So mutmaßt ein Studierender der Kontrollgruppe über mögliche Gründe von Verzögerungen im Studienverlauf bei einigen seiner Kommilitoninnen und Kommilitonen:

> *„Ich denke, dass einige sich einfach nicht gut aufraffen können, anzufangen etwas zu tun. Und, dass gerade in den ersten Semestern oftmals gern viel gefeiert wird. Und man das dann unterschätzt."*

Ein Tourismuswirtschaftsstudent der Überschreitergruppe, der die Vorlesungen regelmäßig besucht, den Stoff teilweise nachbereitet und sein Lernverhalten mit einer 2 bis 3 benotet, konstatiert:

> *„Ich kann dieses heftige Blocklernen vor den Klausuren nicht unbedingt. Das ist nicht so hundertprozentig mein Ding. Ich mache viel über Mithören, indem ich in der Vorlesung sitze und mir einfach anhöre, was der da vorne sagt, und mitschreibe, und es einfach gehört habe und dadurch Beispiele bilden kann. Da bleibt viel hängen, damit lerne ich gut. Aber wenn ich dann zum anderen Teil einfach nur da irgendwo sitzen muss und mir zweihundert Seiten durchlesen, zusammenfassen und Stichpunkte schreiben muss, das ist frustrierend, und da blockiere ich dann einfach ganz schnell. Und das kann ich dann auch eben nicht zu lange machen, dann bleibt auch nicht immer alles hängen. Und wenn das dann mit sechs Fächern so ist, dann ist das manchmal schon sehr umfangreich, irgendwie sinkt einfach die Lerneffektivität."*

Die Selbsteinschätzung der Überschreiter hinsichtlich der Effektivität des eigenen Lernens mit Schulnoten umfasst ein sehr breites Spektrum von 2+ bis 5 und fällt mit einer Note von 2,9 im Durchschnitt deutlich besser aus als die Einschätzung der Langzeitstudierenden mit 3,7 und etwas schlechter als die der Kontrollgruppe mit 2,5 (vgl. Tabelle 14).

Tabelle 14: Vorlesungsbesuch und Effektivität des Lernens

Merkmale	Langzeitstudierende	Überschreiter	Kontrollgruppe
Regelmäßiger Vorlesungsbesuch (in Prozent)	67	50	100
Effektivität des Lernens (Benotung 1 = sehr gut)	3,7	2,9	2,5
Spannbreite Selbsteinschätzung (Benotung 1 = sehr gut)	2 – 4	2 – 5	2 – 4

Quelle: Eigene Erhebung

Eine Hypothesenbildung ist in diesem Kontext schwierig, da eine Selbsteinschätzung subjektiv erfolgt und ein Missverhältnis zwischen Selbsteinschätzung und Realität schwer zu ermitteln ist.

Vorwissen

Ein Studium kann sich auch deswegen in die Länge ziehen, weil Dozent_innen bei der Stoffvermittlung Vorkenntnisse voraussetzen, die bei den Studierenden nicht vorhanden sind. Dies wurde bei den Interviews aber nicht wirklich beklagt. Selbst fehlende Mathematikkenntnisse erwiesen sich bei den befragten Studierenden nicht als problematisch. Zwar wird die Mathematik als schwierig wahrgenommen, dies wird aber nicht auf mangelndes Vorwissen in Mathematik zurückgeführt. Auch die Überschreiter bezeichnen zu schließende Lücken als „machbar" und „schaffbar". Ein Student des Studiengangs Medienwirtschaft und Journalismus im neunten Semester bringt es mit seinen Worten auf den Punkt:

> „Also die meisten Sachen fangen meistens schon im Urschleim an. Zumindest im ersten Semester. Und die darauf folgenden Sachen bauen irgendwie so ein bisschen darauf auf. Von daher würde ich jetzt nicht sagen, dass da etwas dabei ist, wo ich jetzt vorher noch großartig was machen muss. Es ist sicherlich immer vorteilhaft, vorher schon irgendeine Art von Vorwissen zu haben, weil es dann einfacher ist. Aber ich würde jetzt nicht sagen, dass man unbedingt vorher Vorwissen haben muss, um das zu können."

Als Hypothese wird formuliert:

H18: Trotz fehlenden Vorwissens verlängert sich das Studium in allen Studierendengruppen nicht: Wenn ihnen Vorwissen fehlt, holen sie das Fehlende selbst nach.

Angst- oder Problemscheine

Den meisten Studierenden fallen die zu absolvierenden Module unterschiedlich schwer. In den Interviews haben einige Teilnehmer_innen bestimmte Fächer genannt, vor deren Abschlussprüfung sie Sorge oder Angst empfanden oder immer noch empfinden.

Die Hypothese lautet:

H19: Die meisten Studierenden kennen Angst- und Problemscheine. Diese stellen bei Überschreitern und Langzeitstudierenden eine mögliche Ursache des längeren Studiums dar.

Was als schwierig empfunden wird, ist weitestgehend subjektiv. Allerdings sind bestimmte Fächer und bestimmte Dozentinnen und Dozenten unter den Studierenden als eher schwierig bzw. angsteinflößend bekannt. Für den Fachbereich Wirtschaft lässt sich das studentische Meinungsbild hierzu im demnächst erscheinenden Artikel „Gerechte Noten" im Jahresband 2016 des Fachbereichs Wirtschaft der Jade Hochschule nachlesen (Kirstges, 2016).

Aufmerksamkeit, Konzentration und Handynutzung

Nach Auffassung einiger Kolleginnen und Kollegen haben viele Studierende Probleme, dem Stoff zu folgen, weil sie in der Vorlesung unaufmerksam sind und sich nicht über längere Zeit konzentrieren können. Insbesondere bemängeln die Dozierenden, dass viele Studierende sich nur allzu oft während der Stoffvermittlung lieber mit ihrem Mobiltelefon als mit der Aufnahme des Stoffs beschäftigen. Dies könnte nach Meinung des Autorenteams auch ein Grund dafür darstellen, dass sich das Studium dieser Studierenden ungewollt in die Länge zieht und sie die Regelstudienzeit überschreiten. In der qualitativen Analyse wurde dies allerdings nicht abgefragt; auch keine(r) der Befragten lieferte hierzu irgendeinen Hinweis.

Multitasking und der Einfluss des Mobiltelefons

Im digitalen Zeitalter scheint Multitasking fast unerlässlich zu sein, um den Alltag zu bewältigen. Fast jede(r), die oder der nebenbei ein oder mehrere digitale Medien bedient, wird mit einer Vielzahl von Aufgaben konfrontiert, die es in kürzester Zeit abzuarbeiten gilt. Es werden parallel Telefonate geführt, E-Mails versandt, Nachrichten gelesen, Aktienkurse geprüft und Musik gehört. Dies wird von der Mehrzahl der Nutzer_innen keinesfalls als negativ angesehen, sondern vielmehr als fördernd und unterhaltend. Zu der Frage, ob der Einfluss von ständigem Multitasking in unserem Alltag nun als negativ oder positiv aufzufassen ist, fasst Spitzer (2012, S. 222 ff.) in seinem Buch „Digitale Demenz" die Ergebnisse einiger Untersuchungen zu Multitasking-Auswirkungen zusammen.

> Um zu verdeutlichen, wie die Nutzung der Medien in der heutigen Zeit stattfindet, beschreibt Spitzer eine Untersuchung der Kaiser Family Foundation. In dieser Studie aus dem Jahre 2005 füllten Kinder und Jugendliche einen detaillierten Fragebogen zu ihrer Mediennutzung an einem bestimmten Tag und ihrem Verhalten bei der Mediennutzung aus. Des Weiteren führten 694 der Proband_innen eine Woche ein ausführliches Tagebuch über ihre Gewohnheiten bei der Mediennutzung. Das Ergebnis war erstaunlich – so schafften die Befragten es in 6,5 Zeitstunden, bis zu 8,5 Stunden Medien zu nutzen, indem sie verschiedene Aufgaben gleichzeitig an zwei oder mehr Geräten durchführten. Besonders bei den Schülerinnen und Schülern fiel auf: Wer beispielsweise die Hausaufgaben am Computer erledigt, macht 60 Prozent der Zeit, die dafür aufgewendet wird, andere Dinge an diesem Gerät. Jedoch auch wenn kein Computer genutzt wird, werden 30 Prozent der für die Hausaufgaben aufgebrachten Zeit für Multitasking an digitalen Medien verwendet. Außerdem wurde festgehalten, dass eher das weibliche Geschlecht zum Multitasking neigt.
>
> Nun bleibt die Frage, ob das tägliche Multitasking sich positiv oder negativ auf unsere Aufmerksamkeit, unser Denken und unserer Fähigkeiten auswirkt, Reize zu verarbeiten

und einzuordnen. Spitzer (2012) führte hierzu eine Studie der Stanford University aus dem Jahre 2009 an. Hier wurden aus einer Gruppe von 262 Studierenden der Universität 19 Studierende herausgefiltert, welche sich als *starke Multitasker* entpuppten, also deutlich über dem Mittelwert lagen, und 22 Studierende, welche *leichte Multitasker* darstellten, also deutlich unter dem Mittelwert lagen. Diese Studierenden wurden einer Reihe von Tests unterzogen. Untersucht werden sollten zuerst die Fähigkeit zur Filterung unwichtiger Reize, die geistige Leistungsfähigkeit, die Arbeitsgedächtnisleistung und zuletzt die Fähigkeit des „Umschaltens" zwischen verschiedenen Aufgaben. Nun würde man annehmen, dass ein Mensch, der täglich ein gewisses „Training" im Multitasking vollzieht, diese Aufgaben besser und schneller lösen könnte als ein Nicht-Multitasker, weil er beispielsweise geübt darin ist, unwichtige Reize auszublenden, schnell zwischen Aufgaben hin und her zu springen oder Ähnliches. Das Ergebnis, welches Spitzer (2012) festhält, war jedoch überraschend – in jedem der Tests haben die Multitasker deutlich schlechter abgeschnitten als ihre Konkurrentinnen und Konkurrenten. Je schwieriger die Aufgaben gestaltet wurden, desto mehr nahm die Leistung der Multitasker ab. Insbesondere bei der Filterung von unwichtigen Reizen war das Ergebnis erschreckend. Während Nicht-Multitasker die störenden Informationen einfach ausblenden konnten, konnte sich die Gruppe der Multitasker mit zunehmenden Reizen gar nicht mehr konzentrieren. Weitergehend wurde sogar deutlich, dass nicht nur äußere Reize schlechter ignoriert werden können, sondern sogar eigene ablenkende Gedächtnisinhalte hinderlich waren. So konnten vorherige Antworten der Aufgaben nicht aus dem Gedächtnis entfernt werden und wurden als neue Antwort falsch gewählt. Außerdem wurde eine starke Verlangsamung der Reaktionszeit festgestellt.

Zusammenfassend hält Spitzer (2012) fest, dass Menschen, die häufig mit Multitaskingnutzung konfrontiert werden, Probleme mit der Kontrolle ihres Gehirns aufweisen. Multitasker schnitten signifikant schlechter gegenüber den Nicht-Multitaskern ab.

Daraus ergibt sich folgende Hypothese:

H23: Die häufige Nutzung des Mobiltelefons in der Hochschule (insbesondere während der Vorlesungszeit) erhöht die Wahrscheinlichkeit, die Regelstudienzeit zu überschreiten.

Möglich ist, dass die Studierenden sich dieser Auswirkung auf ihr Studium nicht bewusst sind. Sie nehmen an, dass sie effektiv und konzentriert arbeiten und sich keineswegs negativ von digitalen Medien beeinflussen lassen. Spitzer (2012) führt vor dem von ihm festgehaltenen Ergebnis aus, dass eine solche Einschätzung auf Selbsttäuschung basiere. Aufgrund dieses Selbsteinschätzungsproblems wurde darauf verzichtet, die Nutzung des Mobiltelefons in der qualitativen Analyse anzusprechen.

Prokrastination

Gerne schieben Menschen, so auch die Studierenden, unangenehme Dinge vor sich her. Das macht sich nicht nur daran bemerkbar, dass Studierende spät mit dem Lernen beginnen, sondern auch daran, dass sie mitunter Module bzw. deren Prüfungen vor sich herschieben. Sechs der

Langzeitstudierenden berichten, dass sie Module geschoben haben. Vier von diesen sechs Interviewten haben zudem Modulprüfungen nicht bestanden. Einer dieser vier Befragten gab an, aus Hoffnung auf eine gute Note geschoben zu haben. Die anderen drei Befragten sind zunächst durch Prüfungen durchgefallen und haben danach begonnen zu schieben. Zwei befragte Langzeitstudierende sind weder durch Prüfungen durchgefallen noch haben sie Module geschoben, beide Studierende werden ihr Studium voraussichtlich innerhalb der Regelstudienzeit beenden (vgl. Tabelle 15). Als Langzeitstudierende gelten sie, weil sie zuvor bereits einen anderen Studiengang belegt haben. Ein Studierender fiel durch mehrere Klausuren durch, versuchte aber, sowohl die nicht bestandenen Prüfungen nachzuholen als auch die im darauf folgenden Semester anstehenden Klausuren mitzuschreiben, um in der Regelstudienzeit zu bleiben:

> *„Ich habe Prüfungen geschrieben und bin durchgefallen, nächstes Semester musste ich die dann ja sowieso wieder mitschreiben. Und dann habe ich irgendwie noch weitere Module aufgenommen, also aus höheren Semestern, weil ich die Regelstudienzeit noch irgendwie einhalten wollte. Und dann ist das halt noch mehr in die Hose gegangen. Also dann hat man noch weniger gemacht, von sieben vorgenommenen Modulen nur zwei oder drei mitgeschrieben und davon nur zwei bestanden, oder vier mitgeschrieben und nur eins bestanden."*

Tabelle 15: Prokrastination von Klausuren (Langzeitstudierende)

	Bereits durch Prüfungen durchgefallen	Nicht durch Prüfungen durchgefallen
Schiebt Prüfungen	4	2
Schiebt nicht	1	2

Quelle: Eigene Erhebung

Ein ähnliches Ergebnis zeigt die Gruppe der Überschreiter. Die Mehrheit ist durch Prüfungen durchgefallen und hat danach geschoben bzw. hat von Beginn an geschoben und ist dennoch durch Prüfungen durchgefallen. Zwei Überschreiter schieben nur, fallen aber nicht durch. Und ein Student hat versucht, nicht bestandene Prüfungen in der Nachschreibezeit zu wiederholen und ist erneut durchgefallen, um in den folgenden Semestern zu schieben.

Tabelle 16: Prokrastination von Klausuren (Überschreiter)

Überschreiter		
	Bereits durch Prüfungen durchgefallen	Nicht durch Prüfungen durchgefallen
Schiebt Prüfungen	7	2
Schiebt nicht	1	0

Quelle: Eigene Erhebung

Das Aufschieben von eigentlich anstehenden Prüfungen scheint ein ähnliches Problem darzustellen wie das Durchfallen durch Prüfungen. Als Hypothese wird festgehalten:

H20a: Das Nichtbestehen von Klausuren löst Verzögerungen im Studium aus, weil es Studierende entweder entmutigt, sodass sie auch andere Module vor sich herschieben, ...

H20b: oder weil es einen Aufholeffekt auslöst, bei dem sich Studierende eine zu hohe Anzahl an Prüfungen in einem Prüfungszeitraum vornehmen.

5.7 Zwischenfazit

Studierende haben recht genaue Vorstellungen darüber, weshalb sich ihr Studium erheblich über die Regelstudienzeit hinaus verzögern wird oder verzögert hat. Dabei decken sich diese von den Studierenden geäußerten Vorstellungen nicht immer mit dem Eindruck der bzw. des Interviewenden über die Verzögerungsgründe. Bei einigen befragten Langzeitstudierenden liegt die Ursache darin, dass ein zweites Studium begonnen wurde, ohne dass die Semesterzahl wieder auf null gesetzt wurde. Andere Langzeitstudierende sehen die Ursachen im privaten Bereich. So mailte ein angeschriebener Langzeitstudent:

> *„In meinem speziellen Fall liegen die Gründe für die mittlerweile zweieinhalbfache Studiendauer größtenteils im rein privaten Bereich. Dennoch denk ich, dass ich unter anderen Studienbedingungen deutlich schneller hätte sein können, weshalb ich einen Nutzen meiner Antworten auf Ihre Fragen für das Forschungsprojekt nicht ausschließen möchte."*

Die Hochschule versucht, mit diversen Hilfestellungen wie Tutorien, Academic Skills Support Service (A3S) oder Projekten des Didaktikfonds (wie der Mikroökonomischen Werkstatt) Studierenden zu helfen, die Schwierigkeiten mit der Bewältigung des Lernstoffs haben. Diese Hilfestellungen werden von den Studierenden auch angenommen und wertgeschätzt. Hilfestellungen werden vor allen Dingen mit Tutorien assoziiert. So geben fast alle Studierenden an, dass die Tutorien sinnvoll sind, wie beispielsweise folgendes Statement belegt:

> *„Und allgemein die Tutorien, die in unserem Studium angeboten werden, finde ich sehr hilfreich. Weil die, die das machen, es auch echt drauf haben."*

Vereinzelt wünschen sich Studierende zusätzliche Übungs- oder Beispielklausuren für eine effektivere Vorbereitung.

Insgesamt zeigen sich viele Studierende mit ihrem Studienverlauf zufrieden. So bewerten Studierende der Kontrollgruppe ihre Zufriedenheit mit dem Studium mit einem „gut", während Überschreiter und Langzeitstudierende im Durchschnitt eher eine befriedigende Note verteilen (vgl. Tabelle 17). Lediglich ein Langzeitstudierender zeigte sich wirklich unzufrieden mit seinem Studiengang:

> *„So wirklich erfüllt wurden die Erwartungen nicht, und es ist halt sehr breit gefächert, was ich eigentlich sehr schade finde. Weil es so ein Einheitsbrei ist, kann man im Endeffekt nach dem Bachelor, wo ich jetzt kurz davor bin, nichts wirklich. Man ist weder Gestalter noch Journalist, noch ist man wirtschaftlich bewandert. Man kann so von allem ein bisschen, aber nichts wirklich, das ist schade."*

Tabelle 17: Wie zufrieden sind Sie mit der Gesamtsituation Ihres Studiums?

	Langzeitstudierende	**Überschreiter**	**Kontrollgruppe**
Gesamtsituation (in Schulnoten)	Befriedigend	Befriedigend	Gut

Quelle: Eigene Erhebung

6. Die quantitative Analyse

6.1 Die Konzeption der Befragungen

Aufbauend auf den Ergebnissen der qualitativen Analyse wurde ein zweiseitiger Fragebogen erstellt (vgl. Anhang 3). Mit diesem Fragebogen wurden die in Kapitel fünf abgeleiteten Hypothesen so weit wie möglich für eine große Anzahl von Studierenden im Rahmen einer **Pencil-and Paper-Befragung** überprüft. Die Erstellung der Fragebögen erfolgte mit EvaSys. Die Fragebögen wurden im Mai 2016 an Studierende der Studiengänge Wirtschaft, Tourismuswirtschaft sowie Medienwirtschaft und Journalismus verteilt und von diesen unter Wahrung der Anonymität beantwortet. Die Teilnehmerinnen und Teilnehmer wurden mündlich gebeten, nicht ein zweites Mal an der Befragung teilzunehmen, falls sie schon in einem anderen Kurs den Fragebogen ausgefüllt haben. Die Austeilung der Fragebögen erfolgte in erster Linie in Kursen mit hoher studentischer Beteiligung.

Tabelle 18: Veranstaltungen für die Verteilung der Fragebögen

Fachbereich Wirtschaft			
	Veranstaltung	Dozent	Teilnehmer_innen (ca.)
	Bilanzierung (2x)	Herr Heno	80
	Steuerrecht Tourismuswirtschaft (2x)	Herr Lange	60
	Öffentliche Finanzen (2x)	Herr Kirspel	60
	Ethische Aspekte des Wirtschaftens	Herr Neumann	25
	Mikroökonomie (2x)	Herr Neumann	150
	Destination Management B	Herr Schmoll	20
Fachbereich MIT			
	Veranstaltung	Dozent_innen	Teilnehmer_innen (ca.)
	Projektmanagement	Frau Nowak	20
	Projektmanagement	Herr Klafft	20
	Projektmanagement	Herr Barghorn	20
	Projektmanagement	Herr Kobusch	30
	Mathematik	Frau Karabek	70

Quelle: Eigene Zusammenstellung

Die Fragebögen wurden danach automatisch eingelesen, sodass ein anonymisierter Datensatz zur Verfügung stand.

Für die Erfassung der Langzeitstudierenden im engeren Sinne diskutierte das Autorenteam vorab das Problem, dass viele der Langzeitstudierenden der Jade Hochschule nicht mehr vollständig am Hochschulalltag teilnehmen und für die Befragung nicht vor Ort anzutreffen sind.

Um diese Studierenden trotzdem für eine quantitative Befragung zu gewinnen, wurde der Fragebogen in eine verkürzte **Online-Version,** bestehend aus 15 Kernfragen des eigentlich genutzten Fragebogens, übertragen. Die 151 Langzeitstudierenden wurden erneut per E-Mail angeschrieben und um Teilnahme an der Online-Befragung gebeten.

6.2 Deskriptive Statistiken der Pencil- and Paper-Befragung

Für die quantitative Analyse im Rahmen der Pencil- and Paper-Befragung wurden insgesamt 509 Fragenbögen ausgefüllt und mit EvaSys erfasst. Die Ergebnisse wurden in SPSS eingespielt. Dann wurden jene Fragebögen (Merkmalsträger) herausgefiltert, die für eine Auswertung nicht geeignet waren. Zuerst wurden alle Datensätze entfernt, bei denen die Fachsemesteranzahl unter drei lag. Diese Befragten studieren noch nicht lange genug an der Jade Hochschule, um eine Aussage treffen zu können, ob die Regelstudienzeit eingehalten oder überschritten wird. Mit diesem Schritt wurden 208 Fragebögen (Merkmalsträger) eliminiert. Im Datensatz verblieben zunächst 301 Merkmalsträger. Danach wurden die verbliebenen Daten auf Plausibilität untersucht und drei in ihrem Antwortverhalten nicht konsistente Merkmalsträger ebenfalls gelöscht. Im Anschluss wurden die Fragebögen daraufhin überprüft, ob die (zur Ermittlung der Wahrscheinlichkeit der Einhaltung der Regelstudienzeit) benötigten Angaben zu Fachsemesteranzahl, Auslandssemester, Praktikumssemester und Beginn/Abschluss der Bachelor-Arbeit vorliegen. Ohne Vorliegen dieser Daten ist eine Abschätzung, ob ein Studium in der Regelstudienzeit beendet wird/werden kann, nicht möglich. Hier wurden weitere 35 Befragte selektiert, weil die benötigten Angaben nicht vorlagen (33 Fälle) oder keinen Sinn ergaben (zwei Fälle).

Somit betrug die Anzahl der letztlich ausgewerteten Merkmalsträger noch 263.

Datensatzbeschreibung

Für die weitere Auswertung des Datensatzes sind somit 263 Studierende herangezogen worden. Nicht alle beantworteten alle die ihnen gestellten Fragen. So gaben beispielsweise nur 255 der 263 Studierenden ihr Geschlecht an.

Es wird aber deutlich, dass mit 69 Prozent deutlich mehr Studentinnen als Studenten an der Umfrage teilgenommen haben. Zudem überwiegt als Hochschulzugangsberechtigung mit 68 Prozent der Anteil an Studierenden mit Abitur. Zwei Drittel der Befragten haben keine Berufsausbildung vor dem Studium abgeschlossen. Studierende mit einem Kind oder mehreren Kindern oder Pflegebedürftigen sind in der Umfrage nur mit drei Fällen erfasst worden – für diese Gruppe ist folglich keine repräsentative Analyse möglich. In den einzelnen Studiengängen sind 61 (Medienwirtschaft und Journalismus), 87 (Wirtschaft) und 105 (Tourismuswirtschaft) Studierende befragt worden, sodass für jeden Studiengang eine repräsentative Aussage in der folgenden Auswertung getroffen werden kann.

Tabelle 19 gibt einen ersten Überblick über die Zusammensetzung der befragten Studierenden.

Tabelle 19: Zusammensetzung der befragten Studierenden

		Anzahl	**Anzahl in Prozent**
Geschlecht	Weiblich	176	69,0 %
	Männlich	79	31,0 %
	Gesamt	255	100,0 %
Hochschulzugangsbe-rechtigung	Abitur	176	67,7 %
	Fachhochschulreife	79	30,4 %
	Sonstiges	5	1,9 %
	Gesamt	260	100,0 %
Berufsausbildung	Ja	84	33,5 %
	Nein	167	66,5 %
	Gesamt	251	100,0 %
Kind(er)/ Pflegebedürftige	Ja	3	1,2 %
	Nein	240	98,8 %
Studiengang	Wirtschaft	87	34,4 %
	Tourismuswirtschaft	105	41,5 %
	Medienwirtschaft und Journalismus	61	24,1 %
	Sonstiges	0	0,0 %
	Gesamt	253	100,0 %

Quelle: Eigene Erhebung

Es wurden außerdem das Alter und die Abschlussnote der Hochschulzugangsberechtigung erfragt. Die Befragten sind zwischen 19 und 38 Jahre sowie durchschnittlich 23,4 Jahre alt und ihre Abschlussnote lag zwischen 1,3 und 3,8 sowie durchschnittlich bei 2,8. Abbildung 6 und Quelle: Eigene Erhebung

Abbildung 7 zeigen jeweils die Verteilung von Alter und Abschlussnote.

Abbildung 6: Alterskohorten

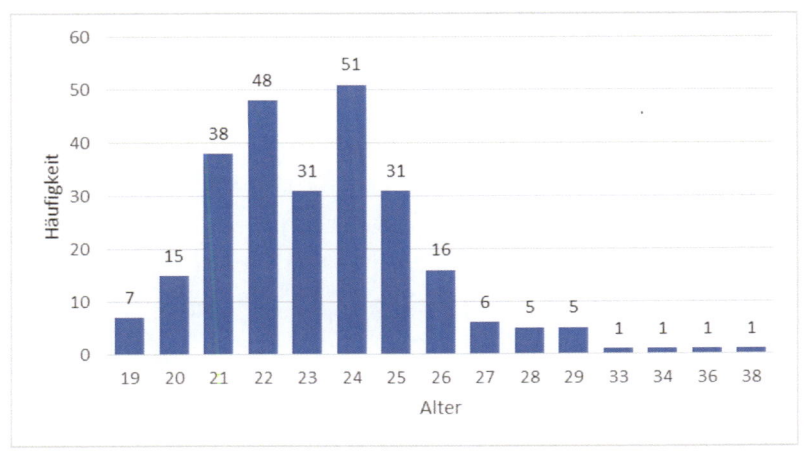

N = 263

Abbildung 7: Abschlussnoten der Hochschulzugangsberechtigung (HZB-Note)

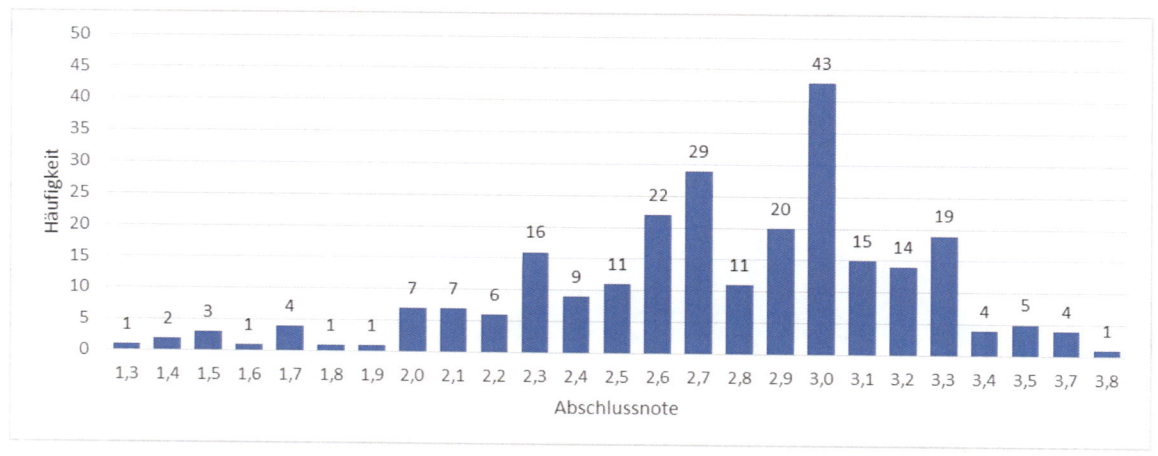

N = 263

Erfragt wurde auch die Anzahl der Fachsemester. Jeweils 17 Prozent der Studierenden befinden sich im dritten und vierten Fachsemester, nur 13 Prozent im fünften Semester, 25 Prozent im sechsten Semester sowie 16 Prozent im siebten Semester.

Abbildung 8: Fachsemester zum Zeitpunkt der Befragung

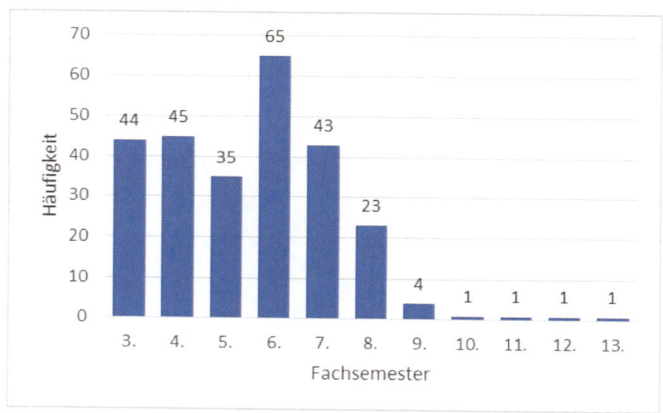

Beantwortung der Frage: Seit wie viel Semestern studieren Sie ihr jetziges Fach?;
N = 263

Um die Merkmale der Studierenden noch besser erfassen zu können, wurden ausgewählte Variablen zueinander in Relation gesetzt. Hinsichtlich des Geschlechts und des Alters wird aus Abbildung 9 deutlich, dass die befragten Studentinnen im Schnitt mit 23,0 Jahren jünger sind als ihre männlichen Kommilitonen mit durchschnittlich 24,1 Jahren.

Abbildung 9: Alterskohorten der Studierenden nach Geschlecht

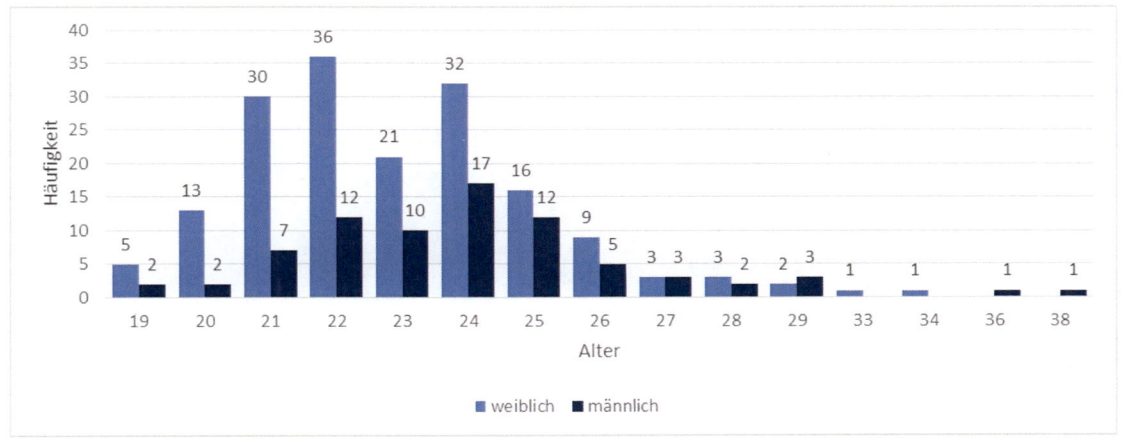

N = 255
Quelle: Eigene Erhebung

Zudem schließen männliche Studenten vor dem Studium eher eine Berufsausbildung ab als ihre Kommilitoninnen, wie aus Abbildung 10 ersichtlich ist. Bei den Studentinnen haben nur 28 Prozent eine abgeschlossene Ausbildung, während ihre männlichen Kommilitonen zu 42 Prozent vorab eine Ausbildung absolviert haben.

Abbildung 10: Berufsausbildung nach Geschlecht

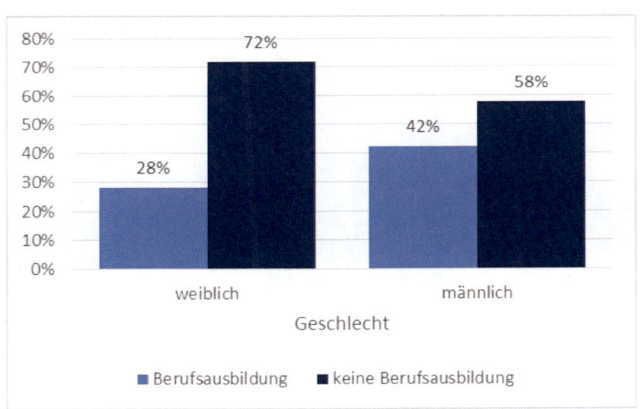

N = 245
Quelle: Eigene Erhebung

Mit 51 Prozent ist die Mehrheit der befragten Studentinnen im Studiengang Tourismuswirtschaft eingeschrieben, während mit 58 Prozent die Mehrheit der Studenten Wirtschaft studiert, wie die prozentualen Werte in Abbildung 11 zeigen.

Abbildung 11: Studiengangsbelegung nach Geschlecht

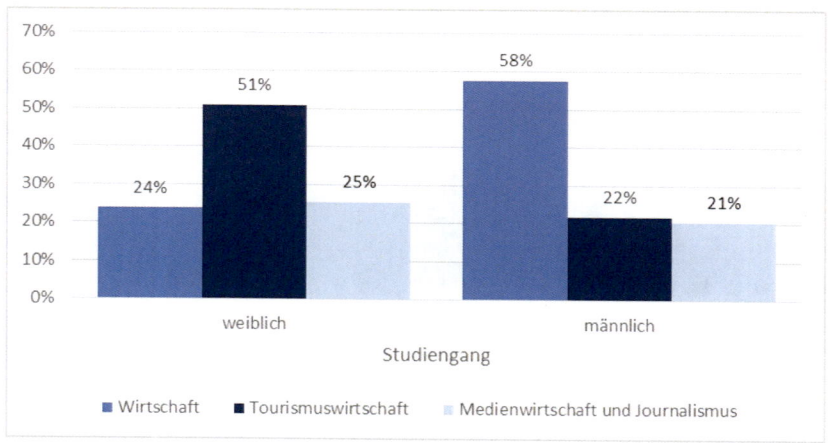

N = 247
Quelle: Eigene Erhebung

In allen drei Studiengängen überwiegt der Anteil der Studierenden mit Abitur, aber im Studiengang Tourismus dominiert dieser Anteil mit 78 Prozent deutlich, wie aus Abbildung 12 zu ersehen ist.

Abbildung 12: Art der Hochschulzugangsberechtigung nach Studiengang

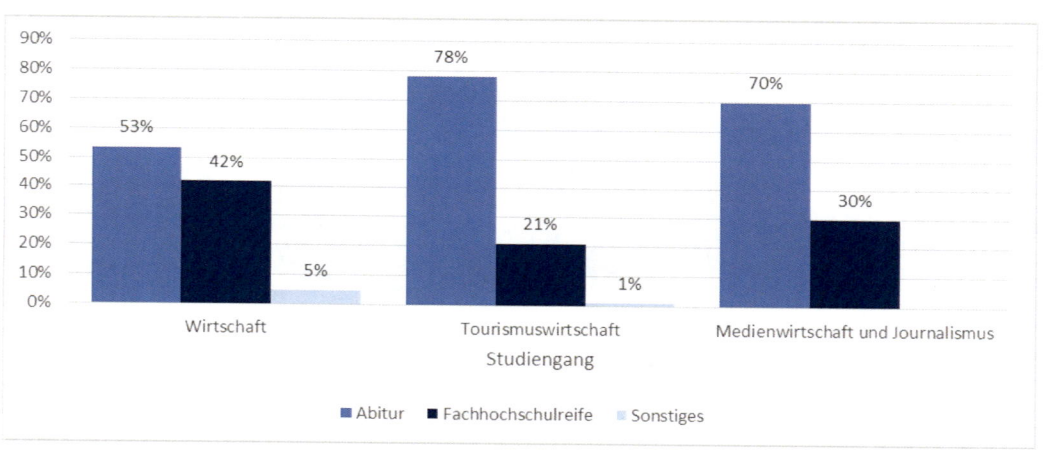

N = 251
Quelle: Eigene Erhebung

Im Studiengang Wirtschaft ist die Anzahl der Studierenden mit und ohne abgeschlossene Berufsausbildung annähernd gleich, während in den beiden anderen Studiengängen deutlich weniger Studierende eine Ausbildung absolviert haben. Im Studiengang Tourismuswirtschaft haben 25 Prozent und im Studiengang Medienwirtschaft und Journalismus 24 Prozent eine Berufsausbildung abgeschlossen.

Abbildung 13: Berufsausbildung nach Studiengang

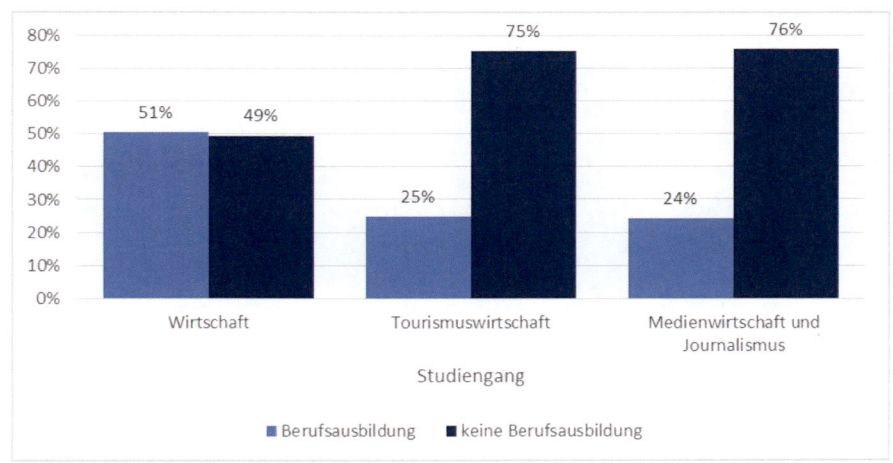

N = 246
Quelle: Eigene Erhebung

Bei den befragten Studentinnen haben mit 72 Prozent deutlich mehr die Hochschulzugangsberechtigung mit dem Abitur erhalten als ihre männlichen Kommilitonen mit 59 Prozent.

Abbildung 14: Art der Hochschulzugangsberechtigung nach Geschlecht

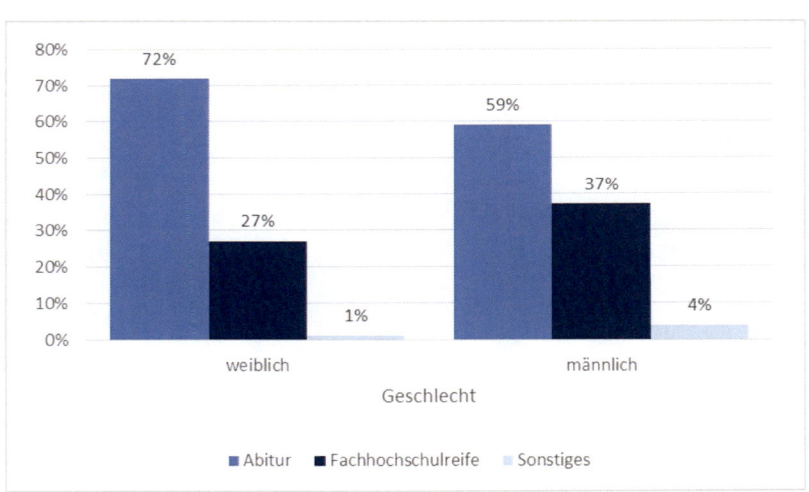

N = 252
Quelle: Eigene Erhebung

Als Eingangsfrage zum Einstieg in die Befragung haben die Studierenden angegeben, wie zufrieden sie persönlich mit ihrem Studienverlauf in Schulnoten sind. Die Mehrheit empfindet diesen als gut bis befriedigend. Die durchschnittliche Zufriedenheit lag bei 2,8.

Abbildung 15: Zufriedenheit mit Studienverlauf in Schulnoten

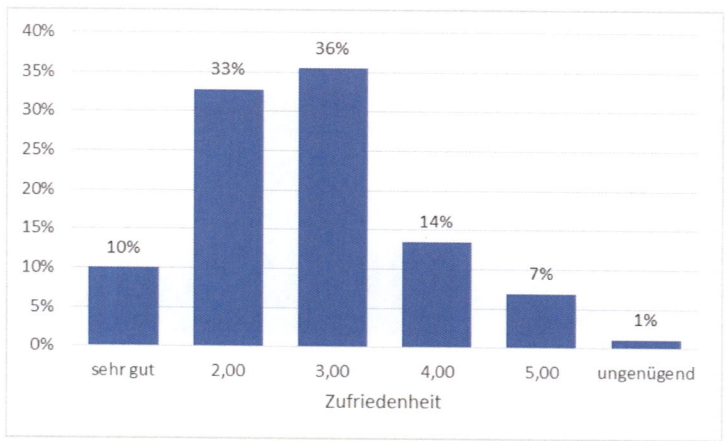

N = 263
Quelle: Eigene Erhebung

Als Zweites sollte der Schwierigkeitsgrad des Studiums bewertet werden. Als sehr einfach wurde das Studium von keiner bzw. keinem Befragten empfunden, von elf Prozent als einfach, von 47 Prozent als mittelleicht, von 32 Prozent als mittelschwer und von zehn Prozent als schwer. Der Durchschnittswert lag bei 3,4.

Abbildung 16: Empfundener Schwierigkeitsgrad des Studiums in Schulnoten

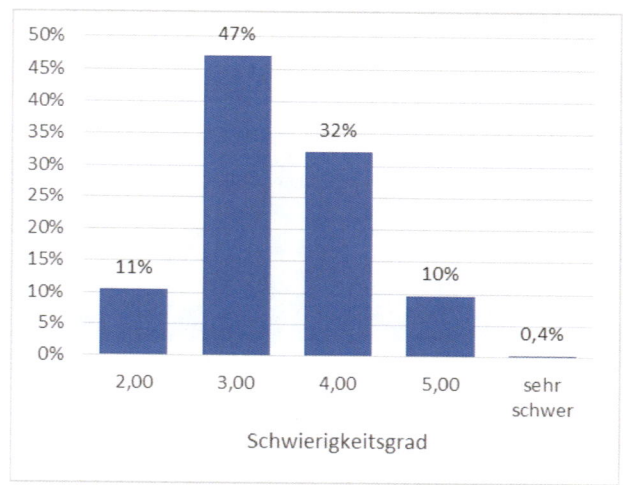

N = 263
Quelle: Eigene Erhebung

Abbildung 17: Empfundener Schwierigkeitsgrad des Studiums nach Studiengang

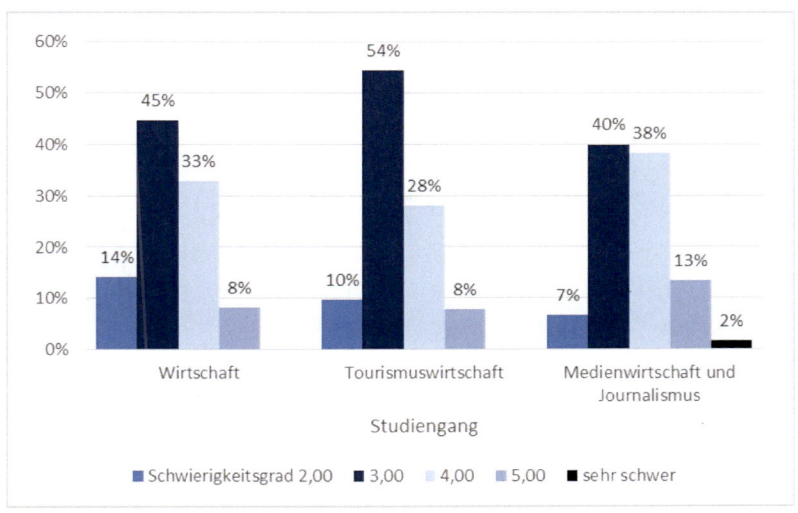

N = 248
Quelle: Eigene Erhebung

Über alle Studiengänge hinweg empfinden die Studierenden ihr Studium im Durchschnitt als mittelleicht. Im Studiengang Wirtschaft liegt die durchschnittliche Bewertung bei 3,4, im Studiengang Tourismuswirtschaft bei 3,3 und im Studiengang Medienwirtschaft und Journalismus bei 3,6.

Als Weiteres wurde gefragt, ob das Praxissemester und/oder ein Auslandssemester absolviert wurde und ob die Bachelor-Arbeit bereits begonnen oder schon beendet wurde. Tabelle 20 zeigt die Ergebnisse.

Tabelle 20: Praxissemester, Auslandssemester und Bachelor-Arbeit im Überblick

Praxissemester		Häufigkeit	Prozent
	Ja	125	47,5
	Nein	118	44,9
	nicht notwendig	20	7,6
	Gesamt	263	100,0
Auslandssemester		Häufigkeit	Prozent
	Ja	32	12,2
	Nein	231	87,8
	Gesamt	263	100,0
Bachelor-Arbeit		Häufigkeit	Prozent
	Beendet	1	0,4
	Begonnen	12	4,6
	noch nicht begonnen	250	95,1
	Gesamt	263	100,0

N = 263
Quelle: Eigene Erhebung

Knapp die Hälfte der Befragten hat das Praxissemester bereits absolviert, ein Achtel hat ein Auslandssemester hinter sich. 95 Prozent haben die Bachelor-Arbeit noch nicht begonnen.

Aus Abbildung 18 wird deutlich, wann die Mehrheit der Studierenden ihr Praxissemester absolviert. Neun Prozent des vierten Semesters (vier Studierende) geben an, das Praxissemester absolviert zu haben, während 80 Prozent der befragten Viertsemester (36 Studierende) dieses noch vor sich haben. Im sechsten Semester dagegen haben 71 Prozent des Jahrgangs das Praxissemester hinter sich und noch nur 22 Prozent vor sich. Die meisten Studierenden absolvieren somit ihr Praktikum im fünften Semester. Daraus resultiert vermutlich auch die geringe Anzahl an Studierenden des fünften Semesters in der Befragung.

Abbildung 18: Anzahl Studierender mit offenem/absolviertem Praxissemester nach Fachsemester

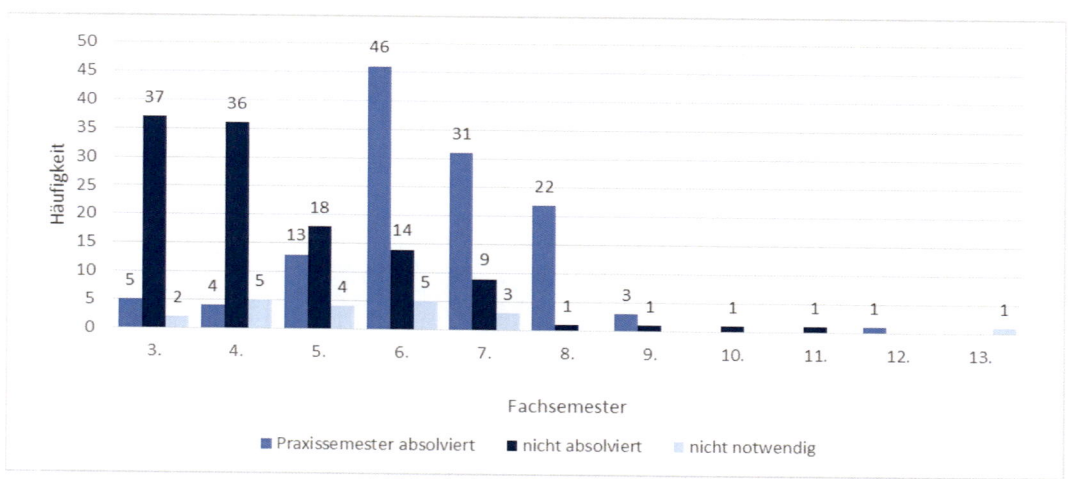

N = 263
Quelle: Eigene Erhebung

Als letzte Frage zum Studienverlauf haben die Studierenden beantwortet, wie wichtig ihnen ein schneller Abschluss ihres Studiums ist.

Abbildung 19: Subjektive Bedeutung eines zügigen Studienabschlusses

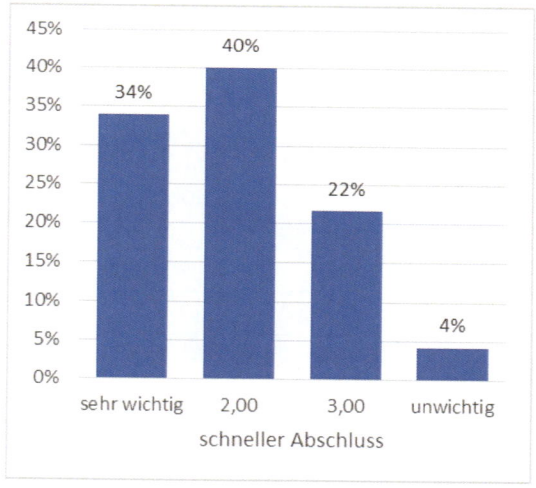

Beantwortung der Frage: Wie wichtig ist es Ihnen, Ihr Studium so schnell wie möglich zu beenden?
N = 263
Quelle: Eigene Erhebung

74 Prozent der Studierenden ist ein schneller Abschluss sehr wichtig bis wichtig, während 26 Prozent einen schnellen Abschluss als weniger wichtig bis unwichtig einstufen.

Im Studiengang Wirtschaft sehen es 31 Prozent der Studierenden als sehr wichtig und 47 Prozent als wichtig an, schnell fertig zu werden, in Summe 78 Prozent. Auch im Studiengang Tourismuswirtschaft möchten 38 Prozent sehr schnell und 36 Prozent schnell ihr Studium durchlaufen, in Summe 74 Prozent. Im Studiengang Medienwirtschaft und Journalismus streben hingegen nur 68 Prozent ein sehr schnelles bis schnelles Studium an.

Abbildung 20: Subjektive Bedeutung eines zügigen Studienabschlusses nach Studiengang

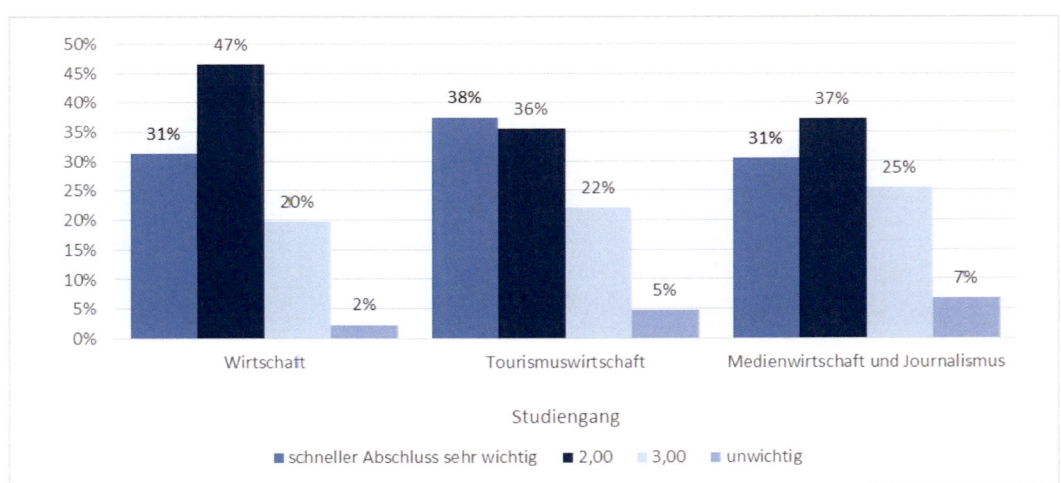

Beantwortung der Frage: Wie wichtig ist es Ihnen, Ihr Studium so schnell wie möglich zu beenden?
N= 249
Quelle: Eigene Erhebung

Die Überschreitung der Regelstudienzeit

In der Auswertung interessierte es insbesondere, ob die Studierenden ihr Studium in der Regelstudienzeit beenden, ob sie diese deutlich überschreiten oder ob sie sogar zu den Langzeitstudierenden zu zählen sind. Langzeitstudierende im engeren Sinne sind im Datensatz kaum vertreten: Lediglich zwei Studierende geben an, dass sie bereits mehr als elf Hochschulsemester studieren. Dementsprechend lässt sich zu Langzeitstudierenden im engeren Sinne wie erwartet keine Aussage aus der quantitativen Analyse entnehmen.

Besser sieht es aus bei der Frage nach der Anzahl der Überschreiter: Im Datensatz befinden sich 31 Studierende jenseits des siebten Fachsemesters. Sie überschreiten damit tatsächlich die Regelstudienzeit. Elf weitere Studierende befinden sich im siebten Semester, haben aber noch kein Praktikumssemester abgeleistet und auch die Bachelor-Arbeit noch nicht begonnen. Die Regelstudienzeit dürfte bei ihnen folglich deutlich überschritten werden, auch wenn für zwei der elf Studierenden ein Pflichtpraktikum nicht notwendig ist. Die bezeichneten elf Studierenden werden zu den Tatsächlichen Überschreitern hinzugezählt.

Auf der anderen Seite werden sechs Studierende im achten Semester möglicherweise noch im aktuellen Semester fertig. Entweder haben diese Studierenden die Bachelor-Arbeit bereits begonnen, oder sie haben sowohl ein Auslands- als auch ein Praktikumssemester absolviert, was die Verzögerung ihres Studiums erklärt. Sie werden in der **Variable „Tatsächliche Über-schreiter"** nicht berücksichtigt, da sie die Regelstudienzeit voraussichtlich nur sehr geringfügig überschreiten werden und daher eher ähnliche Merkmale wie die Kontrollgruppe aufweisen sollten.

Tabelle 21: Variable Tatsächliche Überschreiter nach Fachsemester

Fachsemester	Innerhalb der Regelstudienzeit oder mit nur geringer Überschreitung derselben	**Tatsächliche Überschreiter:** <u>Deutlich</u> nicht innerhalb der Regelstudienzeit	Gesamt
3.	44	0	44
4.	45	0	45
5.	35	0	35
6.	65	0	65
7.	32	11	43
8.	6	17	23
9.	0	4	4
10.	0	1	1
11.	0	1	1
12.	0	1	1
13.	0	1	1
Gesamt	227	36	263

Quelle: Eigene Erhebung

Nun sind die Tatsächlichen Überschreiter damit definitionsgemäß alle Studierenden, die sich bereits jetzt in einem hohen Fachsemester befinden. Will man Vergleiche dieser Überschreiter mit anderen Studierenden ziehen, so ist die Referenzgruppe laut Datensatz zum großen Teil in einem niedrigeren und damit jüngeren Semester. Damit sind die Studierenden in den beiden Gruppen aber aufgrund des Studienstartzeitpunktes heterogen: Es werden unterschiedliche Kohorten miteinander verglichen. Wären Studierende unterschiedlicher Kohorten von ihren Ausgangsvoraussetzungen her gleich und blieben die Studienbedingungen stets unverändert, so wäre dies für die Analyse unerheblich. Wenn aber die Zutrittsbeschränkungen in das Studium (Numerus Clausus) und die Anforderungen im Studium variieren, weil Prüfungsordnungen sich ändern oder weil Lehrende wechseln, so ist der Vergleich zwischen Tatsächlichen Überschreitern und Referenzgruppe verzerrt.

Hinzu kommt, dass in der Referenzgruppe auch Studierende enthalten sind, die in Zukunft irgendwann Tatsächliche Überschreiter sein werden (oder ihr Studium abbrechen werden) und damit ähnliche Eigenschaften wie diese Gruppe aufweisen. Daher sind die beiden Gruppen im Hinblick auf die zu analysierenden Ursachen einer Überschreitung der Regelstudienzeit nicht distinkt und deshalb nur bedingt zur weiteren Analyse geeignet.

Deshalb ist es sinnvoll, eine **Variable „Prognostizierte Überschreiter"** zu bilden und mit dieser die in Kapitel 5 aufgestellten Hypothesen zu testen. Diese Variable misst das voraussichtliche Überschreiten der Regelstudienzeit dadurch, dass im Durchschnitt in jedem Semester zu wenige Module absolviert werden. Im Fragebogen wurde hierfür die Anzahl der noch fehlenden Module (ohne Bachelor-Arbeit) abgefragt. Hieraus lässt sich wiederum berechnen, wie viele Module in den vergangenen Semestern bereits erfolgreich absolviert wurden. Die Anzahl der erfolgreich absolvierten Module wird durch die Semesteranzahl geteilt, so dass die bislang im Schnitt pro Semester absolvierten Module ermittelt werden.

Tabelle 22: Variable Prognostizierte Überschreiter nach Fachsemester

Fachsemester	Studium innerhalb der Regelstudienzeit oder mit nur geringfügiger Überschreitung wahrscheinlich	**Prognostizierte Überschreiter:** Studienende voraussichtlich deutlich nicht innerhalb der Regelstudienzeit	Gesamt
3.	21	14	35
4.	22	13	35
5.	21	7	28
6.	40	10	50
7.	22	19	41
8.	2	16	18
9.	1	3	4
11.	0	1	1
13.	0	1	1
Gesamt	129	84	213

Quelle: Eigene Erhebung

Dabei wird berücksichtigt, dass in jenen Semestern, in denen Studierende ins Ausland gehen, ein Praktikumssemester leisten oder die Bachelor-Arbeit schreiben, weniger oder gar keine Module absolviert werden können. Im Sinne einer konservativen Hochrechnung wird bei der Prognose unterstellt, dass hier gar kein Modul nebenbei absolviert werden kann. Die absolvierten Module werden für die Prognose also lediglich auf sogenannte Präsenzsemester umgelegt. **Präsenzsemester** sind die bislang absolvierten Fachsemester abzüglich des Auslandssemesters, des Praktikumssemesters und des Semesters, in dem die Bachelor-Arbeit absolviert wird oder wurde.

In allen drei untersuchten Studiengängen sind laut Modulkatalog üblicherweise mindestens sechs Module pro Präsenzsemester angesetzt (vgl. Kapitel 4). Wer durchschnittlich maximal fünf Module pro Präsenzsemester absolviert hat, wird damit systematisch die Regelstudienzeit überschreiten und als „Prognostizierter Überschreiter" erfasst. Die anderen Studierenden mit mehr als fünf Modulen im Schnitt pro Präsenzsemester gelten als Vergleichsgruppe – auch in der Vergleichsgruppe werden folglich nicht alle Studierenden in der Regelstudienzeit ihr Studium abschließen, da hierzu ein Durchschnitt von ca. sechs Modulen notwendig wäre.

Im Datensatz stehen für 213 Studierende alle benötigten Angaben zur Verfügung. Die meisten Studierenden befinden sich im dritten und vierten sowie sechsten und siebten Fachsemester. Dies dürfte daran liegen, dass das fünfte Semester oft als Praktikumssemester gewählt wird und die Studierenden dann keine Vorlesungen besuchen und damit für die Befragung nicht zur Verfügung standen. Bei 84 Studierenden ist davon auszugehen, dass sie ihr Studium nicht in der Regelstudienzeit absolvieren werden. 129 Studierende können den Studienabschluss nach der hier angewandten Schätzung noch in der Regelstudienzeit schaffen.

Die Zahl der durchschnittlich absolvierten Module pro Präsenzsemester in der Gruppe der Prognostizierten Überschreiter liegt bei 4,0 Modulen, in der Vergleichsgruppe liegt sie bei 6,6 Modulen. Eigentlich unnötig – weil selbstverständlich – ist die Anmerkung, dass die Gruppierung nach durchschnittlich absolvierten Modulen von sehr grober Natur ist und nicht die optimale Trennschärfe aufweist. Grund hierfür ist vor allem, dass Module den Studierenden unterschiedlich schwerfallen und es daher einen großen Unterschied für den weiteren Studienverlauf machen kann, ob in den bereits absolvierten Modulen die als schwieriger wahrgenommenen Module enthalten oder noch nicht enthalten sind. Hierüber gibt der Datensatz jedoch keine Auskunft.

Tabelle 23: Durchschnittlich absolvierte Module pro Präsenzsemester

Variable Prognostizierte Überschreiter	Mittelwert	N	Standardabweichung
In Regelstudienzeit	6,61	129	1,06
Nicht in Regelstudienzeit	4,02	84	0,89
Insgesamt	5,59	213	1,61

Quelle: Eigene Erhebung

Zur weiteren Plausibilisierung der Ergebnisse wird daher als dritte **Variable „Überschreiter laut Selbsteinschätzung"** herangezogen. Die Variable wird danach gebildet, wie die Studierenden selbst darüber Auskunft geben, ob sie ihr Studium in der Regelstudienzeit beenden werden oder nicht. Hier gaben 83 Studierende und damit 34 Prozent an, dass sie die Regelstudienzeit voraussichtlich einhalten werden. 162 Studierende und damit 66 Prozent sind der Meinung, dass ihnen dies nicht gelingt oder gelingen wird. Einige wenige Studierende, die hier „weiß nicht" im Fragebogen ankreuzten, wurden aus der Analyse der Variable „Überschreiter laut Selbsteinschätzung" ausgeschlossen.

Spannenderweise glauben vor allem Studierende im dritten und vierten Semester nicht an einen erfolgreichen Abschluss des Studiums in der Regelstudienzeit. Befragte des fünften und sechsten Semesters sind im Durchschnitt etwas optimistischer. Die Befragten ab dem siebten Semester dürften zumeist bereits wissen, ob sie es schaffen werden oder nicht – hier ist der Anteil der Optimisten bereits wieder deutlich niedriger. Dies mag aber daran liegen, dass jene Studierende, die im siebten Fachsemester studieren und in der Regelstudienzeit fertig werden, bereits keine Lehrveranstaltungen mehr besuchen und daher nicht mehr im Datensatz enthalten sind.

Tabelle 24: Überschreiter laut Selbsteinschätzung nach Fachsemester

Fachsemester	Variable Überschreiter laut Selbsteinschätzung		Gesamt
	In Regelstudienzeit	Nicht in Regelstudienzeit	
3.	38,2 %	61,8 %	100,00 %
4.	26,8 %	73,2 %	100,00 %
5.	43,8 %	56,3 %	100,00 %
6.	50,8 %	49,2 %	100,00 %
7.	27,9 %	72,1 %	100,00 %
8.		100 %	100,00 %
9.		100 %	100,00 %
10.		100 %	100,00 %
11.		100 %	100,00 %
12.		100 %	100,00 %
13.		100 %	100,00 %
Gesamt	33,6 %	66,4 %	100,00 %

Quelle: Eigene Erhebung

Wie realistisch aber sind die Selbsteinschätzungen der Studierenden, was ihre prognostizierte Studiengeschwindigkeit angeht? Die Tabelle 25 verrät dies für 195 Befragte, für die alle benötigten Angaben vorliegen. Hier fällt auf, dass acht Studierende (laut Selbsteinschätzung) gedenken, ihr Studium in der Regelstudienzeit zu beenden, obwohl sie dafür im Durchschnitt deutlich zu wenige Module absolvieren. 54 Studierende können laut Prognose noch in der Regelstudienzeit fertig werden, schätzen dies selbst aber nicht als realistisch ein. Bei der Mehrheit der Studierenden (133 von 195) stimmen Prognose und Selbsteinschätzung überein.

Tabelle 25: Überschreiter laut Selbsteinschätzung vs. Prognostizierte Überschreiter

		Variable Überschreiter laut Selbsteinschätzung		Gesamt
		In Regelstudienzeit	Nicht in Regelstudienzeit	
Variable Prognostizierte Überschreiter	In Regelstudienzeit	64	54	118
	Nicht in Regelstudienzeit	8	69	77
Gesamt		72	123	195

Quelle: Eigene Erhebung

Die Wahrscheinlichkeit, die Regelstudienzeit zu überschreiten, hängt im Datensatz (wie auch in der Grundgesamtheit) vom gewählten Studiengang ab. Der Anteil der Tatsächlichen Überschreiter liegt im Studiengang Medienwirtschaft und Journalismus bei 4,9 Prozent. Im Studiengang Wirtschaft liegt er bei 21,8 Prozent. Im Studiengang Tourismuswirtschaft beträgt er 12,4 Prozent.

Tabelle 26: Tatsächliche Überschreiter nach Studiengang

	Variable Tatsächliche Überschreiter		Gesamt
	In Regelstudienzeit	Nicht in Regelstudienzeit	
Medienwirtschaft und Journalismus	95,1 %	4,9 %	100,0 %
Tourismuswirtschaft	87,6 %	12,4 %	100,0 %
Wirtschaft	78,2 %	21,8 %	100,0 %
Gesamt	86,2 %	13,8 %	100,0 %

N=253
Quelle: Eigene Erhebung

Diese Unterschiede lassen sich dementsprechend auch bei den Prognostizierten Überschreitern ausmachen, nur fallen hier die Anteile entsprechend um ein mehrfaches höher aus, nämlich von 14 Prozent im Studiengang Medienwirtschaft und Journalismus bis zu 54 Prozent im Studiengang Wirtschaft.

Tabelle 27: Prognostizierte Überschreiter nach Studiengang

	Variable Prognostizierte Überschreiter		Gesamt
	In Regelstudienzeit	Nicht in Regelstudienzeit	
Medienwirtschaft und Journalismus	86,0 %	14,0 %	100,0 %
Tourismuswirtschaft	58,4 %	41,6 %	100,0 %
Wirtschaft	45,9 %	54,1 %	100,0 %
Gesamt	60,6 %	39,4 %	100,0 %

N=213
Quelle: Eigene Erhebung

Hinsichtlich der Selbsteinschätzung variieren die Ergebnisse deutlich. Studierende im Studiengang Medienwirtschaft und Journalismus sind hier deutlich pessimistischer, als sie es laut den Berechnungen sein müssten. Dieser hohe Wert an pessimistischer Selbsteinschätzung erklärt sich daraus, dass generell rund jeder zweite Studierende, dem die (konservativ gerechnete) Prognose noch einen Abschluss in der Regelstudienzeit zutraut, sich selbst als Überschreiter einschätzt. Auch bei den 86 Prozent im Studiengang Medienwirtschaft und Journalismus, die laut Prognose nicht die Regelstudienzeit überschreiten müssen, ist daher etwa die Hälfte der Studierenden diesbezüglich pessimistisch. Daher klaffen Selbsteinschätzung und Prognose gerade bei den Medienwirtschafts-Studierenden auseinander. Dennoch sind sowohl im Fachbereich Wirtschaft (hoch signifikant) als auch im Studiengang Medienwirtschaft und Journalismus (signifikant) die Prognose und die Selbsteinschätzung der Studierenden miteinander korreliert.

Tabelle 28: Überschreiter laut Selbsteinschätzung nach Studiengang

	Variable Überschreiter laut Selbsteinschätzung		Gesamt
	In Regelstudienzeit	Nicht in Regelstudienzeit	
Medienwirtschaft und Journalismus	36,2 %	63,8 %	100,0 %
Tourismuswirtschaft	38,5 %	61,5 %	100,0 %
Wirtschaft	27,5 %	72,8 %	100,0 %
Gesamt	34,2 %	65,8 %	100,0 %

N=234
Quelle: Eigene Erhebung

Der Anteil der

- „Tatsächlichen Überschreiter",
- „Prognostizierten Überschreiter" und der
- „Überschreiter laut Selbsteinschätzung"

sind die in der weiteren statistischen Auswertung zu erklärenden Variablen. Dabei stehen die „Prognostizierten Überschreiter" im Mittelpunkt der Auswertung.

6.3 Die Auswirkungen nicht beeinflussbarer/soziodemografischer Merkmale

Zu jeder der in Kapitel fünf aufgestellten Hypothesen wurde im Rahmen der quantitativen Erhebung mindestens eine Frage gestellt. Die Antworten wurden zur Verifizierbarkeit der jeweiligen Hypothese genutzt. Es wurden Kreuztabellen erstellt, die Zusammenhänge zwischen den Antworten der Fragebögen und den zu erklärenden Variablen aufzeigen. Als zu erklärende Variable wird üblicherweise auf die Prognostizierten Überschreiter abgestellt. Anschließend wurden die Zusammenhänge im Rahmen einer Regressionsanalyse multivariat getestet.

Lesehilfe: Da Kreuztabellen keinerlei Auskunft über die Signifikanz der Ergebnisse und damit über ihre Übertragbarkeit auf die Grundgesamtheit liefern, wurden zur Ergänzung Chi-Quadrat-Tests durchgeführt. Das Ergebnis eines Chi-Quadrat-Tests nach Pearson ist dann signifikant, wenn der p-Wert kleiner als 0,05 ist. Ist er kleiner als 0,1, spricht man von schwacher Signifikanz, ist er kleiner als 0,01, spricht man von starker Signifikanz. Die Ergebnisse, die sich aus Kreuztabellen und Chi-Quadrat-Tests ableiten lassen, wurden im Folgenden auf die Hypothesen übertragen.

H1 (Geschlecht)

Die aus der qualitativen Befragung entnommene Hypothese lautete: „Ein Überschreiten der Regelstudienzeit kommt bei Männern und Frauen gleich häufig vor." Diese Hypothese kann (mit schwacher Signifikanz) abgelehnt werden. Im Datensatz überschreiten laut Prognose 49 Prozent der männlichen, aber nur 35 Prozent der weiblichen Studierenden die Regelstudienzeit. Mit einer Irrtumswahrscheinlichkeit von p=0,064 ist das Ergebnis der Prognose schwach signifikant.

Tabelle 29: Prognostizierte Überschreiter nach Geschlecht

		Variable Prognostizierte Überschreiter		Gesamt
		In Regelstudienzeit	Nicht in Regelstudienzeit	
Geschlecht	weiblich	64,6 %	35,4 %	100,0 %
	männlich	50,8 %	49,2 %	100,0 %
Gesamt		60,6 %	39,4 %	100,0 %

N=208, p=0,064
Quelle: Eigene Erhebung

Da sich die Anteile der Geschlechter in den analysierten Studiengängen im Verlaufe der letzten Jahre nicht erheblich geändert haben, ist die Variable „Tatsächliche Überschreiter" in diesem Kontext ebenfalls aussagekräftig. Das obige Ergebnis für die Prognostizierten Überschreiter wird von einem stark signifikanten Ergebnis ($p=0,029$) bei der Analyse der Tatsächlichen Überschreiter bekräftigt.

Tabelle 30: Tatsächliche Überschreiter nach Geschlecht

		Variable Tatsächliche Überschreiter		Gesamt
		In Regelstudienzeit	Nicht in Regelstudienzeit	
Geschlecht	weiblich	89,8 %	10,2 %	100,0 %
	männlich	79,7 %	20,3 %	100,0 %
Gesamt		86,7 %	13,3 %	100,0 %

N=255, p=0,029
Quelle: Eigene Erhebung

> **Schlussfolgerung: Männer überschreiten in den drei analysierten Studiengängen öfter die Regelstudienzeit als Frauen.**

H2 (Berufsausbildung)

Insgesamt haben 34 Prozent der Befragten zuvor eine Berufsausbildung abgeschlossen. Der höchste Anteil an Studierenden mit abgeschlossener Berufsausbildung findet sich im Studiengang Wirtschaft (vgl. Abbildung 13).

In der bivariaten Analyse (Kreuztabelle) kann nicht bestätigt werden, dass Studierende mit einer abgeschlossenen Berufsausbildung öfter die Regelstudienzeit überschreiten. Die Ergebnisse des Chi-Quadrat-Tests sind sowohl bei der Selbsteinschätzung der Studierenden als auch bei der Prognose und den Tatsächlichen Überschreitern insignifikant. In der Tendenz überschreiten eher diejenigen, die keine Berufsausbildung genossen haben. Es wird sich bei der multivariaten Analyse zeigen, dass diese Tendenz ernst zu nehmen ist. Denn wenn in die Analyse gleichzeitig der Studiengang mit einbezogen wird, so zeigt sich ein signifikanter Vorteil der- und diejenigen, die eine Berufsausbildung absolviert haben (vgl. Tabelle 31).

Tabelle 31: Prognostizierte Überschreiter nach abgeschlossener Berufsausbildung

		Variable Prognostizierte Überschreiter		Gesamt
		In Regelstudienzeit	Nicht in Regelstudienzeit	
Berufsausbildung	Ja	66,2 %	33,8 %	100,0 %
	Nein	56,5 %	43,5 %	100,0 %
Gesamt		59,7 %	40,3 %	100,0 %

N=206, p=0,184
Quelle: Eigene Erhebung

> *Schlussfolgerung: Eine vorab absolvierte Berufsausbildung beeinflusst den Studienerfolg (Abschluss in der Regelstudienzeit) in der Tendenz positiv. Das Ergebnis ist aber in der Kreuztabelle nicht signifikant.*

H3 (Finanzierungsproblem)

Dass ein besonderes Finanzierungsproblem unter Studierenden, welche die Regelstudienzeit überschreiten, bestehen könnte, ist zwar an den Werten in der

ablesbar, es kann aber mit dem vorliegenden Datensatz nicht endgültig bestätigt werden. Das Ergebnis ist zwar in der Tendenz richtig, aber nicht signifikant. Die Analyse der Variable Überschreiter nach Selbsteinschätzung und der Variable Tatsächliche Überschreiter (vgl. Tabelle 33) zeigt hier allerdings eindeutige Signifikanzen (p=0,049 bzw. p=0,006).

Tabelle 32: Prognostizierte Überschreiter nach Finanzierungsproblem

		Variable Prognostizierte Überschreiter		Gesamt
		In Regelstudienzeit	Nicht in Regelstudienzeit	
Finanzierungsproblem	Ja	52,9 %	47,1 %	100,0 %
	Nein	64,7 %	35,3 %	100,0 %
Gesamt		60,8 %	39,2 %	100,0 %

N=204, p=0,105
Quelle: Eigene Erhebung

Tabelle 33: Tatsächliche Überschreiter nach Finanzierungsproblem

		Variable Tatsächliche Überschreiter		Gesamt
		In Regelstudienzeit	Nicht in Regelstudienzeit	
Finanzierungsproblem	Ja	78,8 %	21,2 %	100,0 %
	Nein	91,3 %	8,7 %	100,0 %
Gesamt		87,0 %	13,0 %	100,0 %

N=246, p=0,006
Quelle: Eigene Erhebung

Unter Studierenden ist es üblich, Finanzierungsprobleme dadurch zu beheben, dass sie nebenbei arbeiten gehen. Insgesamt gaben 64 Prozent der Studierenden an, einem Job zum Geldverdienen nachzugehen, während 38 Prozent einen Nebenjob für ihren Lebenslauf ausüben. Hinsichtlich der Untersuchung der Prognostizierten Überschreiter kann eine Überschreitung der Regelstudienzeit aufgrund von Jobs neben dem Studium allerdings nicht bestätigt werden (vgl. Tabelle 34Tabelle 35).

Tabelle 34: Prognostizierte Überschreiter nach Job/Nebenjob zum Geldverdienen

		Variable Prognostizierte Überschreiter		Gesamt
		In Regelstudienzeit	Nicht in Regelstudienzeit	
Job/Nebenjob zum Geldverdienen	Ja	59,0 %	41,0 %	100,0 %
	Nein	63,0 %	37,0 %	100,0 %
Gesamt		60,4 %	39,6 %	100,0 %

N=207, p=0,568
Quelle: Eigene Erhebung

Tabelle 35: Prognostizierte Überschreiter nach Job/Nebenjob für den Lebenslauf

		Variable Prognostizierte Überschreiter		Gesamt
		In Regelstudienzeit	Nicht in Regelstudienzeit	
Job/Nebenjob für den Lebenslauf	Ja	62,2 %	37,8 %	100,0 %
	Nein	60,2 %	39,8 %	100,0 %
Gesamt		60,9 %	39,1 %	100,0 %

N=202, p=0,778
Quelle: Eigene Erhebung

> **Schlussfolgerung 1: Finanzierungsprobleme liegen oft vor und gehen in der Tendenz mit einer Verzögerung des Studiums einher. Vor allem jene Studierende, die bereits tatsächlich über die Regelstudienzeit hinaus studieren, berichten von Finanzierungsproblemen. Dies mag damit zu tun haben, dass es in höheren Semestern (nach Ende der Regelstudienzeit) schwieriger ist, Einkünfte zu generieren, die nicht aus Erwerbsarbeit stammen, - aufgrund abnehmender „Zahlungsbereitschaft" der Eltern bzw. des BAföG-Amtes.**
>
> **Schlussfolgerung 2: Nebenjobs hingegen führen nicht zum Überschreiten der Studienzeit. Es deutet nach vorliegendem Datensatz nichts daraufhin, dass den Studierenden die Zeit, in der sie arbeiten gehen, zum Lernen fehlt.**

H4 (Kinder/Pflegebedürftige)

Die Ergebnisse der Auswertungen für die Überschreitung der Regelstudienzeit aufgrund von Kindern oder Pflegebedürftigen ergaben keine interpretierbaren Ergebnisse. Die Fallzahl von Studierenden mit Kind oder Pflegebedürftigen war zu gering (N=3).

H5 (Krankheiten/Unfälle)

Die Hypothese, dass Krankheiten oder Verletzungen das Studium verlängern, wird mit sehr geringen Irrtumswahrscheinlichkeiten sowohl für die Variable Überschreiter nach Selbsteinschätzung als auch für die Prognostizierten und die Tatsächlichen Überschreiter bestätigt. Insgesamt gaben 18 Prozent der Befragten an, dass Krankheiten oder Unfälle ihren Studienverlauf beeinflusst haben. Insbesondere die Ergebnisse für die Variablen Überschreiter nach Selbsteinschätzung (p=0,000) und Tatsächliche Überschreiter (p=0,001) sind hoch signifikant. Für die Prognostizierten Überschreiter ist das Ergebnis schwach signifikant (p=0,097).

Tabelle 36: Prognostizierte Überschreiter nach Krankheiten/Unfällen

		Variable Prognostizierte Überschreiter		Gesamt
		In Regelstudienzeit	Nicht in Regelstudienzeit	
Krankheiten/Unfälle	Ja	48,6 %	51,4 %	100,0 %
	Nein	63,4 %	36,6 %	100,0 %
Gesamt		60,7 %	39,3 %	100,0 %

N=201, p=0,097
Quelle: Eigene Erhebung

Schlussfolgerung: Krankheiten und Unfälle verursachen Verzögerungen im Studienverlauf, die auch ein Überschreiten der Regelstudienzeit (vor allem laut Selbsteinschätzung der Betroffenen) begründen können.

Externe Restriktionen (Finanzierungsprobleme, Krankheiten/Unfälle, Kinder/Pflegebedürftige) beeinflussen damit wie erwartet die Geschwindigkeit im Studium. Dieses Ergebnis lässt sich im Datensatz auch schwach signifikant nachweisen. Wer keiner oder lediglich einer solchen Restriktion unterliegt, gehört eher zu jenen, die der Prognose nach in der Regelstudienzeit fertig werden. Wer hingegen mindestens zwei Restriktionen mitbringt, wird die Regelstudienzeit voraussichtlich überschreiten. 53,3 Prozent der Prognostizierten Überschreiter weisen jedoch keine Restriktion auf; lediglich 15 Prozent leiden unter zwei externen Restriktionen.

Tabelle 37: Prognostizierte Überschreiter nach externen Restriktionen

			Variable Prognostizierte Überschreiter		Gesamt
			In Regelstudienzeit	Nicht in Regelstudienzeit	
Externe Restriktion	Keine Restriktion	Anzahl	71	40	111
		% Anteil	61,2 %	53,3 %	58,1 %
	1 Restriktion	Anzahl	39	24	63
		% Anteil	33,6 %	32,0 %	33,0 %
	2 Restriktionen	Anzahl	6	11	17
		% Anteil	5,2 %	14,7 %	8,9 %
Gesamt		Anzahl	116	75	191
		% Anteil	100,0 %	100,0 %	100,0 %

N=191, p=0,077
Quelle: Eigene Erhebung

Multivariate Analyse 01

Einige der Merkmale, welche die Überschreitung der Regelstudienzeit erklären, sind untereinander korreliert. So haben Wirtschaftsstudierende häufiger eine Lehre absolviert, Tourismuswirtschaftsstudierende sind eher weiblichen Geschlechts. Dies macht es nötig, die gewonnenen Erkenntnisse im Rahmen eines multivariaten Verfahrens zu kontrollieren. Beim vorliegenden Datensatz bietet sich eine binäre logistische Regressionsanalyse an. Regressiert wird auf die abhängige Variable „Prognostizierte Überschreiter", die entweder die Ausprägung 0 (keine Überschreitung) oder die Ausprägung 1 (Überschreitung der Regelstudienzeit) einnehmen kann. Als mögliche Einflussfaktoren werden in einem ersten Modell *Geschlecht, Art der Hochschulzugangsberechtigung, Hochschulzugangsberechtigungsnote, Berufsausbildung* und gewählter *Studiengang* simultan getestet (siehe Modell 1).

Wie erwartet ergibt sich in Modell 1 kein signifikanter Zusammenhang zwischen *Geschlecht* und prognostizierter Überschreitung. Das negative Vorzeichen des Regressionskoeffizienten signalisiert aber, dass die Wahrscheinlichkeit des Überschreitens sinkt, wenn das Geschlecht des Studierenden weiblich ist. Die *Art der Hochschulzugangsberechtigung (HZB-Art)* hat ebenso keinen signifikanten Einfluss auf die Überschreitung der Regelstudienzeit, während die *Hochschulzugangsberechtigungsnote (HZB-Note)* von signifikanter Bedeutung ist. Das positive Vorzeichen des Regressionskoeffizienten zeigt, dass bei schlechterem Notenschnitt (größere Zahl) die Wahrscheinlichkeit der Überschreitung der Regelstudienzeit ansteigt.

Einflüsse der Hochschulzugangsberechtigungsnote auf den Studienerfolg sind auch schon in anderen Studien festgestellt worden. So fanden zum Beispiel Giese et al. (2013) heraus, dass es an der Fachhochschule Jena einen hochsignifikanten Zusammenhang zwischen Hochschulzugangsberechtigungsnote und Note des Diploms respektive Bachelor-Abschlusszeugnisses gibt. Überraschenderweise erweist sich nach Kontrolle des gewählten Studienganges eine *abgeschlossene Berufsausbildung* als hochsignifikanter Einflussfaktor zur Erklärung des Überschreitens der Regelstudienzeit. Wer eine Lehre absolviert hat, überschreitet seltener die Regelstudienzeit.

Tabelle 38: Multivariate Analyse 01 (Binär Logistische Regression)

Variable	Modell 1		Modell 2	
	Regressions-koeffizient (B)	Signifikanzniveau (p)	Regressions-koeffizient (B)	Signifikanzniveau (p)
Geschlecht weiblich	-,579	,124	-,578	,152
HZB-Art	-,327	,403	,032	,94
HZB-Note	,837	,026	,731	,073
Berufsausbildung	-1,09	,007	-,809	,061
Studiengang Wirtschaft	,401	,299	,435	,287
Studiengang MWJ	-1,317	,008	-1,553	,005
Einfache externe Restriktion			,151	,684
Doppelte externe Restriktion			1,569	,017
	N= 196, Nagelkerkes R²= 0,20		N= 177, Nagelkerkes R²= 0,22	

Quelle: Eigene Erhebung

Modell 2 zeigt, dass *externe Restriktionen* – soweit sie einfach und nicht doppelt vorliegen – nur wenig zum Erklärungsgehalt der Analyse beitragen. Ihre Hinzunahme in der Analyse erhöht das Bestimmtheitsmaß des Regressionsmodells (Nagelkerkes R^2) nur unwesentlich. Lediglich wenn eine doppelte *externe Restriktion* vorliegt, ergibt sich ein signifikanter Einfluss. Das positive Vorzeichen zeigt an, dass beim Vorliegen einer *doppelten externen Restriktion* die Wahrscheinlichkeit der Überschreitung der Regelstudienzeit ansteigt.

6.4 Die Auswirkungen der von der Hochschule beeinflussbaren Merkmale

Neben den externen Restriktionen, die von Studierenden und der Hochschule nicht beeinflussbar sind, existieren auch Restriktionen für die Studierenden, auf welche die Hochschule Einfluss nehmen kann. Außerdem wirken persönliche Eigenschaften und Präferenzen der Studierenden sich auf die Studiengeschwindigkeit aus. Einige dieser möglichen Gründe wurden direkt unter den 204 Studierenden, die nicht den Modulplan eingehalten haben, abgefragt.

Im dritten Abschnitt des Fragebogens wurden all jene 204 Studierende, die *den Modulplan ihres Studiums nicht eingehalten* haben, um Auskunft gebeten, warum sie laut Studienverlaufsplan anstehende Module geschoben haben oder durch deren Prüfungen durchgefallen sind. Mehrfachnennungen waren möglich. 27 Studierende gaben keine Auskunft. Somit standen die Antworten von 177 Studierenden zur Verfügung.

Dabei erschien es den meisten Befragten so, dass sie mit zu vielen Prüfungen in zu kurzer Zeit konfrontiert werden. 87 Prozent der Studierenden gaben mit „trifft (eher) zu" an, dass ihnen die Klausuren zu eng terminiert seien. 68 Prozent gaben an, die Menge der Prüfungen sei zu groß. 74 Prozent beklagten, dass die Stoffmenge zum Auswendiglernen zu viel sei. Allerdings sahen auch 46 Prozent der Studierenden ein, dass sie zu spät mit dem Lernen anfangen.

57 Prozent gerieten aus dem Studienverlaufsplan, weil sie sich durch die Verschiebungen von Modulen bessere Noten erhoffen. 50 Prozent der Studierenden gaben Angst vor den Modulprüfungen als Ursache an. 32 Prozent der Studierenden nannten mangelndes Verständnis des Stoffs als Ursache, 34 Prozent bezeichneten sich selbst als faul und sahen dies als Grund für die Verzögerungen. Lediglich 26 Prozent belegten Module deshalb nicht, weil sie keine Lust auf die entsprechenden Module hatten.

Abbildung 21: Gründe der Nichtbefolgung des Studienverlaufsplans

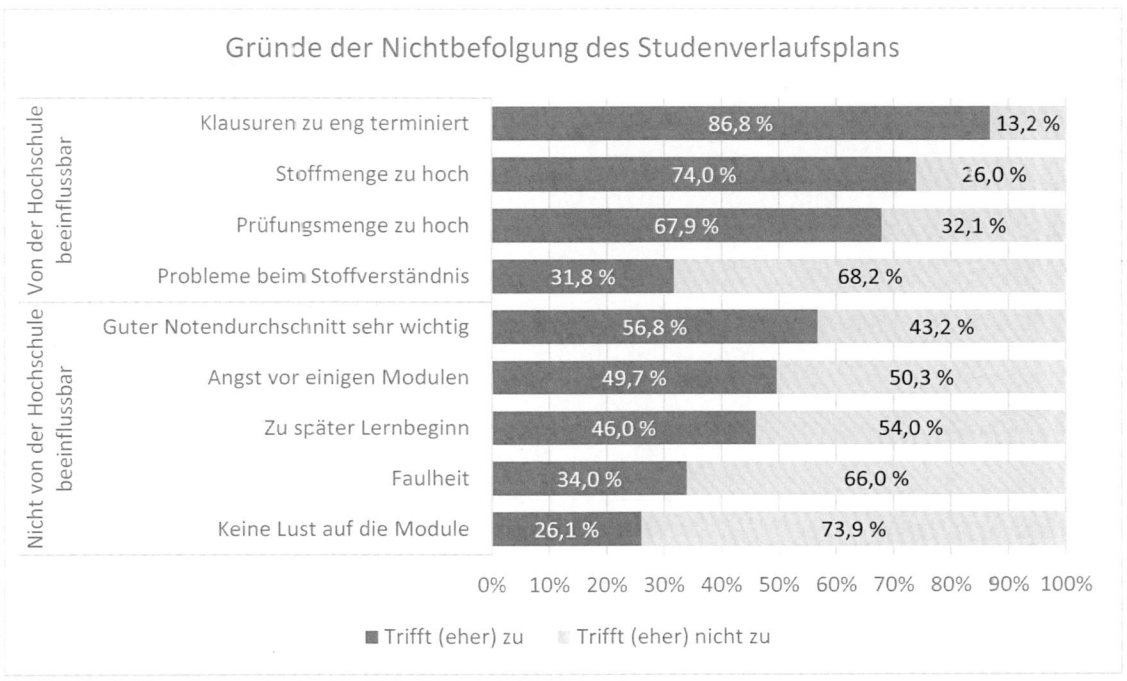

N=177;
Quelle: Eigene Erhebung

H6 (Die enge Terminierung der Prüfungen)

Auch wenn 87 Prozent der Studierenden, die nicht nach Modulplan studiert haben, monieren, dass die zu enge Terminierung der Klausuren ein Grund für die Verzögerung ihres Studiums sei, lässt sich empirisch nicht signifikant bestätigen, dass dieser Grund auch eine Ursache für die Nichteinhaltung der Regelstudienzeit ist.

Tabelle 39: Der Einfluss der Klausurterminierung auf das Überschreiten der Regelstudienzeit

		Variable Prognostizierte Überschreiter		Gesamt
		In Regelstudien-zeit	Nicht in Regelstudien-zeit	
... die Klausuren zu eng terminiert sind.	Trifft zu	49,5 %	65,8 %	56,8 %
	Trifft (eher) zu	35,1 %	21,5 %	29,0 %
	Trifft (eher) nicht zu	9,3 %	6,3 %	8,0 %
	Trifft nicht zu	6,2 %	6,3 %	6,3 %
Gesamt		100,0 %	100,0 %	100,0 %

N=176 p=0,153
Quelle: Eigene Erhebung

In diesem Zusammenhang kann folgende Hypothese nicht signifikant bestätigt werden: *Die zu enge Terminierung der Prüfungen (und die diese verursachende späte Bekanntgabe der Prüfungstermine) führt zur Verlängerung des Studiums.*

H7 (Schwierigkeitsgrad)

Auch ein geringerer Schwierigkeitsgrad des Studiums könnte dazu führen, dass mehr Studierende ihr Studium in der Regelstudienzeit beenden. Denn so wurde oben festgestellt: *Überschreiter empfinden ihr Studium als schwierig.*

Der Zusammenhang zwischen dem empfundenen Schwierigkeitsgrad und der Studiendauer ist der Kreuztabelle zu entnehmen. Sowohl für die Variable Prognostizierte Überschreiter als auch für die Variable Überschreiter nach Selbsteinschätzung liegen signifikante Unterschiede für die Studierenden in der Regelstudienzeit und nicht in der Regelstudienzeit vor. Wer sein Studium als schwer empfindet, studiert voraussichtlich länger.

Tabelle 40: Prognostizierte Überschreiter nach empfundenem Schwierigkeitsgrad des Studiums

		Variable Prognostizierte Überschreiter		Gesamt
		In Regelstudienzeit	Nicht in Regelstudienzeit	
Schwierigkeitsgrad	Schwer	51,2 %	48,8 %	100,0 %
	Leicht	68,3 %	31,7 %	100,0 %
Gesamt		61,2 %	38,8 %	100,0 %

N=209, p=0,012
Quelle: Eigene Erhebung

Tabelle 41: Überschreiter laut Selbsteinschätzung nach empfundenem Schwierigkeitsgrad

		Variable Überschreiter laut Selbsteinschätzung		Gesamt
		In Regelstudienzeit	Nicht in Regelstudienzeit	
Schwierigkeitsgrad	Schwer	22,3 %	77,7 %	100,0 %
	Leicht	42,2 %	57,8 %	100,0 %
Gesamt		33,6 %	66,4 %	100,0 %

N=238, p=0,001
Quelle: Eigene Erhebung

Insgesamt gaben 11 Prozent der Prognostizierten Überschreiter an, dass sie ihr Studium als schwierig erachten (Note 5 bzw. 6 auf der Skala von 1 bis 6) (Zahl nicht tabellarisch dargestellt).

> **Schlussfolgerung: Der empfundene Schwierigkeitsgrad des jeweiligen Studiums hat einen Einfluss auf das Überschreiten der Regelstudienzeit.**

H8 (Hilfestellungen)

Insgesamt gaben 66 Prozent der Studierenden an, regelmäßig Tutorien zu besuchen, 31 Prozent nahmen weitere Hilfestellungen der Fachbereiche oder der Hochschule an. Die Annahme von Hilfestellungen der Hochschule hat aber keinen Einfluss auf die Studiendauer. Dazu zählt auch der Besuch von Tutorien. 69 Prozent derer, welche die Regelstudienzeit überschreiten, griffen auf die Tutorien der Fachbereiche (eher) regelmäßig zurück.

Tabelle 42: Prognostizierte Überschreiter nach regelmäßigem Tutoriumsbesuch

		Variable Prognostizierte Überschreiter		Gesamt
		In Regelstudienzeit	Nicht in Regelstudienzeit	
Ich besuche regelmäßig Tutorien.	Trifft zu	27,9 %	37,0 %	31,4 %
	Trifft (eher) zu	35,7 %	32,1 %	34,3 %
	Trifft (eher) nicht zu	20,9 %	13,6 %	18,1 %
	Trifft nicht zu	15,5 %	17,3 %	16,2 %
Gesamt		100,0 %	100,0 %	100,0 %

$N=210, p=0,378$
Quelle: Eigene Erhebung

Tabelle 43: Prognostizierte Überschreiter nach Nutzung von Hilfestellungen der Fachbereiche

		Variable Prognostizierte Überschreiter		Gesamt
		In Regelstudienzeit	Nicht in Regelstudienzeit	
Ich greife auf andere Hilfestellungen der Fachbereiche oder der Hochschule zurück (außer Tutorium).	Trifft zu	6,3 %	7,1 %	6,6 %
	Trifft (eher) zu	22,8 %	25,0 %	23,7 %
	Trifft (eher) nicht zu	39,4 %	35,7 %	37,9 %
	Trifft nicht zu	31,5 %	32,1 %	31,8 %
Gesamt		100,0 %	100,0 %	100,0 %

$N=211, p=0,953$
Quelle: Eigene Erhebung

> **Schlussfolgerung: Die Tutorien werden in hohem Maße als Hilfestellung der Fachbereiche wahrgenommen, und zwar sowohl von den Überschreitern als auch von der Referenzgruppe.**

Dies sagt nichts über die Qualität der Tutorien respektive über die Frage, ob die Tutorien ihrem Ziel, schwächeren Studierenden zu helfen, nachkommen, aus. Es ist plausibel zu vermuten, dass die Unterstützungsangebote den besseren Studierenden weniger helfen als den schwächeren, die besseren Studierenden sie aber trotzdem besuchen, weil sie fleißiger sind und daher auch in den Tutorien keinen Lehrstoff und keine Übungsmöglichkeit verpassen wollen.

H9 (Informationen)

Die Frage, inwiefern Studierende alle relevanten Informationen von der Hochschule zur Verfügung gestellt bekommen, führte zu wenig extremen Antworten. Mit 53 Prozent gaben allerdings die Studierenden mehrheitlich an, dass sie (eher) nicht alle relevanten Informationen über ihr Studium von der Hochschule erhalten.

Abbildung 22: Informationsfluss an der Jade Hochschule

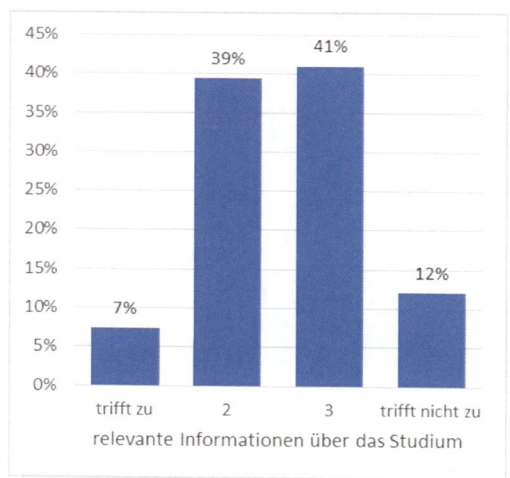

Zustimmung zur Aussage: Ich erhalte von der Hochschule alle relevanten Informationen über mein Studium.
N= 263
Quelle: Eigene Erhebung

Zwischen Informationsdefiziten seitens der Hochschule und der Studiendauer ist kein signifikanter Zusammenhang festzustellen.

Tabelle 44: Einfluss des Erhalts aller Informationen auf das Überschreiten der Regelstudienzeit

		Prognostizierte Überschreiter		Gesamt
		In Regelstudienzeit	Nicht in Regelstudienzeit	
Ich erhalte von der Hochschule alle relevanten Informationen über mein Studium.	Trifft zu	7,1 %	8,5 %	7,7 %
	Trifft (eher) zu	36,2 %	39,0 %	37,3 %
	Trifft (eher) nicht zu	45,7 %	37,8 %	42,6 %
	Trifft nicht zu	11,0 %	14,6 %	12,4 %
Gesamt		100,0 %	100,0 %	100,0 %

N=209, p=0,685
Quelle: Eigene Erhebung

Multivariate Analyse 02

Die multivariate Analyse 02 nimmt neben den soziodemografischen Merkmalen die von der Hochschule beeinflussbaren Restriktionen der Studierenden zusätzlich auf. Modell 3 fügt den Variablen des Modells 1 und 2 den empfundenen *Schwierigkeitsgrad* des Studiums, den *regelmäßigen Tutoriumsbesuch* und die *Klausurenterminierung* als erklärende Variablen hinzu. Der subjektiv empfundene *Schwierigkeitsgrad* des Studiums hat einen hochsignifikanten Einfluss darauf, in welcher Geschwindigkeit die Studierenden ihr Studium absolvieren. Haben die Studierenden bei der Frage zum Schwierigkeitsgrad „eher leicht" (1, 2 oder 3) angekreuzt, so ist die Wahrscheinlichkeit, dass sie die Regelstudienzeit überschreiten werden, deutlich geringer, als wenn sie „schwierig" (4, 5 oder 6) angekreuzt haben.

Tabelle 45: Multivariate Analyse 02

Variable	Modell 3		Modell 4	
	Regressionskoeffizient (B)	Signifikanzniveau (p)	Regressionskoeffizient (B)	Signifikanzniveau (p)
Geschlecht	-,668	,108	-,443	,316
HZB-Art	-,214	,633	-,330	,506
HZB-Note	,909	,035	,950	,047
Berufsausbildung	-,863	,056	-,783	,106
Studiengang Wirtschaft	,401	,340	,408	,387
Studiengang MWJ	-1,624	,005	-1,810	,005
Doppelte externe Restriktionen	1,483	,020	1,306	,054
Schwierigkeitsgrad	-1,052	,004	-,982	,016
Teilnahme an Tutorien			,116	,787
Klausuren zu eng terminiert			-,115	,835
	N= 174, Nagelkerkes R^2= 0,27		N= 143, Nagelkerkes R^2= 0,27	

Quelle: Eigene Erhebung

Nimmt man die Informationen, ob die Studierenden Hilfestellungen (zum Beispiel Tutorien) annehmen oder ob sie den Klausurplan als zu eng erachten, zum Modell 4 hinzu, liefert dies zur Beantwortung der Frage, ob sie in der Regelstudienzeit ihr Studium beenden, keine weiteren Erkenntnisse. Beide Variablen sind insignifikant (siehe Modell 4), sie verändern das Bestimmtheitsmaß des Modells nicht.

6.5 Die Auswirkungen von Interessen, Präferenzen und Charakteristika der Studierenden

H10 (Orientierungslosigkeit)

62 Prozent der befragten Studierenden wissen, was sie nach ihrem Studium machen wollen. Besonders auffällig ist der hohe Anteil an Befragten mit bereits bestehenden Zukunftsplänen bei Studierenden im Studiengang Wirtschaft (70 Prozent). Dies kann zum Teil damit erklärt werden, dass sich im Studiengang Wirtschaft der höchste Anteil Studierender mit abgeschlossener Berufsausbildung befindet.

Abbildung 23: Zukunftspläne: Vorhandene Orientierung/Vorstellung bezüglich des weiteren Karrierepfades nach Studiengängen

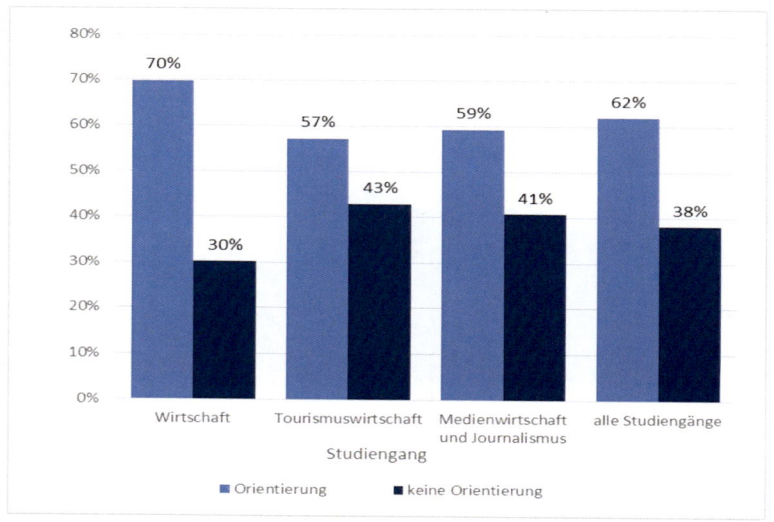

Beantwortung der Frage: Wissen Sie, was Sie nach dem Studium machen wollen?, N=247
Quelle: Eigene Erhebung

Von den Studierenden, die zum Zeitpunkt der Befragung bereits wissen, was sie nach dem Studium machen wollen, werden prognostiziert 38 Prozent die Regelstudienzeit überschreiten. Von jenen Studierenden, die noch nicht wissen, was sie nach Abschluss ihres Studiums machen wollen, überschreiten 42 Prozent die Regelstudienzeit. Der Unterschied ist nicht signifikant.

Tabelle 46: Prognostizierte Überschreiter nach Zukunftsplänen

		Variable Prognostizierte Überschreiter		Gesamt
		In Regelstudienzeit	Nicht in Regelstudienzeit	
Wissen Sie, was Sie nach Ihrem Studium machen wollen?	Ja	62,5 %	37,5 %	100,0 %
	Nein	58,2 %	41,8 %	100,0 %
Gesamt		60,9 %	39,1 %	100,0 %

N=207 p=0,541
Quelle: Eigene Erhebung

> *Schlussfolgerung: Es kann kein signifikanter Zusammenhang zwischen einer Orientierungslosigkeit der Studierenden und einer Verlängerung ihres Studiums festgestellt werden. Im Gegensatz zur in Kapitel 3 beschriebenen Studie von Fries/Steinitz (2013) überschreiten Studierende, die noch nicht wissen, was sie nach ihrem Studium machen wollen, nicht signifikant häufiger als Studierende mit entsprechender Orientierung die Regelstudienzeit deutlich.*

H11 (Bewusste Entscheidung)

74 Prozent der Befragten geben an, ein möglichst schneller Studienabschluss sei ihnen sehr wichtig oder wichtig. Dementsprechend geben nur 26 Prozent der Studierenden an, dass ein schneller Studienabschluss (eher) weniger wichtig ist.

Abbildung 24: Bedeutung eines schnellen Studienabschlusses für die Studierenden

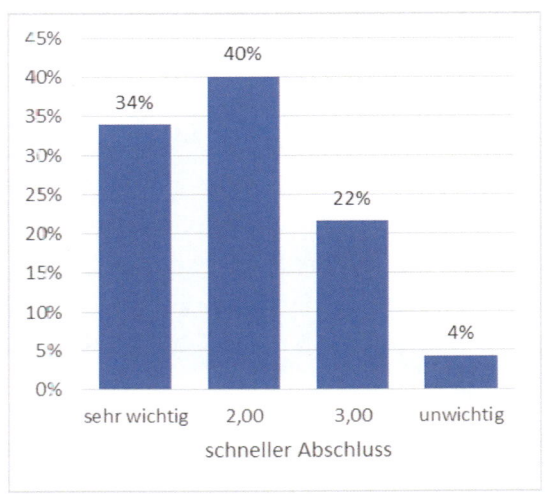

Beantwortung der Frage: Wie wichtig ist es Ihnen, Ihr Studium so schnell wie möglich zu beenden?,
N=263
Quelle: Eigene Erhebung

Die Hypothese, dass die Überschreiter die Regelstudienzeit fast alle unfreiwillig überschreiten, muss abgelehnt werden. Die Ergebnisse weisen für die Variable Prognostizierte Überschreiter eine starke Signifikanz auf. Studierende, denen es nicht wichtig ist, ihr Studium so schnell wie möglich zu beenden, überschreiten die Regelstudienzeit deutlich häufiger. Hier handelt es sich um 39,7 Prozent der Prognostizierten Überschreiter, die angeben, dass es ihnen (eher) weniger wichtig ist, ihr Studium so schnell wie möglich zu beenden.

Tabelle 47: Prognostizierte Überschreiter nach Wichtigkeit der Studiengeschwindigkeit

		Variable Prognostizierte Überschreiter		Gesamt
		In Regelstudienzeit	Nicht in Regelstudienzeit	
Wie wichtig ist es Ihnen, Ihr Studium so schnell wie möglich zu beenden?	Sehr wichtig	42,5 %	20,5 %	33,8 %
	Eher wichtig	41,7 %	39,8 %	41,0 %
	Eher unwichtig	12,6 %	33,7 %	21,0 %
	Unwichtig	3,1 %	6,0 %	4,3 %
Gesamt		100,0 %	100,0 %	100,0 %

$N=210$, $p=0,000$
Quelle: Eigene Erhebung

> **Schlussfolgerung: Studierende, die einen schnellen Abschluss ihres Studiums nicht für wichtig erachten, überschreiten die Regelstudienzeit häufiger. 40 Prozent der Prognostizierten Überschreiter geben an, dass ihnen ein möglichst zügiger Abschluss des Studiums (eher) unwichtig sei.**

Auffällig ist, dass 64,3 Prozent der Studierenden, die ihr Studium in der Regelstudienzeit absolvieren, einen guten Notendurchschnitt im Studium für wichtig erachten. Jene Studierende, welche die Regelstudienzeit jedoch überschreiten, halten einen guten Notendurchschnitt nur zu 52,0 Prozent für (eher) wichtig. Die Unterschiede sind aber statistisch nicht signifikant. Folglich kann das Überschreiten der Regelstudienzeit nicht darauf zurückgeführt werden, dass die Studierenden aufgrund des Strebens nach guten Noten sich mehr Zeit vor den Prüfungen nehmen und daher weniger Prüfungen pro Semester ableisten.

Tabelle 48: Prognostizierte Überschreiter nach subjektiver Bedeutung guter Noten

		Variable Prognostizierte Überschreiter		Gesamt
		In Regelstudienzeit	Nicht in Regelstudienzeit	
...mir ein guter Notendurchschnitt wichtig ist.	Sehr wichtig	23,2 %	18,2 %	20,9 %
	Eher wichtig	41,1 %	33,8 %	37,8 %
	Eher unwichtig	26,3 %	39,0 %	32,0 %
	Unwichtig	9,5 %	9,1 %	9,3 %
Gesamt		100,0 %	100,0 %	100,0 %

$N=172$, $p=0,357$
Quelle: Eigene Erhebung

H12 (Lebensmittelpunkt)

Mit 64 Prozent gab der Großteil der Befragten an, dass das Studium einen eher größeren Teil in ihrem Leben einnehme.

Abbildung 25: Stellenwert des Studiums im Leben der Studierenden

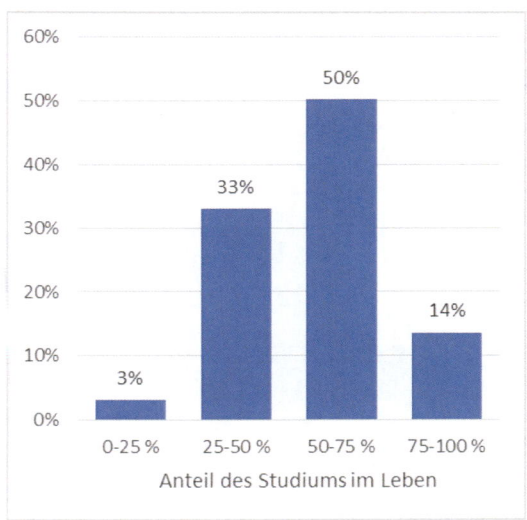

Beantwortung der Frage: Welchen Anteil nimmt Ihr Studium in Ihrem Leben ein?
N=263
Quelle: Eigene Erhebung

Je größer der Anteil ist, den das Studium im Leben der Studierenden einnimmt, desto weniger wahrscheinlich werden sie laut der Prognose zum Überschreiter. Der Zusammenhang erweist sich als signifikant.

Tabelle 49: Prognostizierte Überschreiter nach Stellenwert des Studiums im Leben

		Variable Prognostizierte Überschreiter		Gesamt
		In Regelstudienzeit	Nicht in Regelstudienzeit	
Welchen Anteil nimmt Ihr Studium in Ihrem Leben ein?	0-25 %	3,1 %	3,7 %	3,3 %
	25-50 %	25,0 %	37,8 %	30,0 %
	50-75 %	54,7 %	53,7 %	54,3 %
	75-100 %	17,2 %	4,9 %	12,4 %
Gesamt		100,0 %	100,0 %	100,0 %

N=210, p=0,031
Quelle: Eigene Erhebung

Eine Auswirkung von Nebenjobs (sei es für die Aufwertung des Lebenslaufs oder zu Zwecken des „Geldverdienens") auf die Studiendauer ist nicht erkennbar (vgl. Tabelle 34 und Tabelle 35). Dies kann vor dem Hintergrund der erhobenen Daten wie folgt begründet werden: Wer arbeiten geht (z. B. zum „Geldverdienen"), widmet sich trotzdem in ähnlicher Weise und mit vergleichbarem Zeitumfang seinem Studium wie jemand, der keinen Job neben dem Studium ausübt. Der Anteil, den das Studium „im Leben einnimmt", wird von etwaigen Nebenjobs nicht beeinflusst. Unter den Studierenden, die einen Nebenjob zum Geldverdienen angenommen haben, sagen 36 Prozent, ihr Studium sei nicht Lebensmittelpunkt (Anteil am Leben 0 bis 50 Prozent). Bei den Studierenden, die keinen solchen Nebenjob ausüben, beträgt der Anteil ebenfalls 36 Prozent (vgl. Tabelle 50).

Tabelle 50: Stellenwert des Studiums bei Ausübung eines Nebenjobs zum Geldverdienen

			Job/Nebenjob zum Geldverdienen		Gesamt
			Ja	nein	
Welchen Anteil nimmt Ihr Studium in Ihrem Leben ein?	0-25 %	Anzahl	5	3	8
		Prozent	*3,2 %*	*3,3 %*	*3,2 %*
	25-50 %	Anzahl	52	29	81
		Prozent	*32,9 %*	*32,2 %*	*32,7 %*
	50-75 %	Anzahl	79	46	125
		Prozent	*50,0 %*	*51,1 %*	*50,4 %*
	75-100 %	Anzahl	22	12	34
		Prozent	*13,9 %*	*13,3 %*	*13,7 %*
Gesamt		Anzahl	158	90	248
		Prozent	*100,0 %*	*100,0 %*	*100,0 %*

N=248, p=0,998
Quelle: Eigene Erhebung

Schlussfolgerung: Von 36 Prozent der Studierenden wird das Studium (eher) nicht als absoluter Lebensmittelpunkt gesehen. Wer dem Studium einen Anteil von bis zu 50 Prozent in seinem Leben widmet, wird die Regelstudienzeit statistisch aber häufiger überschreiten.

H13 (Geografische Distanz)

H13a (Tägliches Pendeln)

Lange tägliche Anfahrtswege haben nur wenige Studierende (16 Prozent). Aus den vorliegenden Ergebnissen lässt sich kein signifikanter Zusammenhang aus täglichem Pendeln mit langen Anfahrtswegen zur Hochschule und einer Überschreitung der Regelstudienzeit erkennen.

Tabelle 51: Prognostizierte Überschreiter nach langen Anfahrtswegen

		Variable Prognostizierte Überschreiter		Gesamt
		In Regelstudienzeit	Nicht in Regelstudienzeit	
lange Anfahrtswege	Ja	56,8 %	43,2 %	100,0%
	Nein	61,0 %	39,0 %	100,0%
Gesamt		60,2 %	39,8 %	100,0%

N=201, p=0,636
Quelle: Eigene Erhebung

H13b (Pendeln am Wochenende)

Ebenso ist von häufigen und langen Heimfahrten am Wochenende keine Überschreitung der Regelstudienzeit abzuleiten. Über das Wochenende wird etwas häufiger gependelt (32 Prozent). 43 Prozent der Studierenden, die keine langen Wochenendfahrten auf sich nehmen, überschreiten die Regelstudienzeit. Von jenen Studierenden, die am Wochenende heimfahren, absolvieren 32 Prozent ihr Studium voraussichtlich nicht in der Regelstudienzeit. Der Unterschied ist in der Kreuztabelle abzulesen, allerdings ist er insignifikant. Dies ändert sich aber, wenn auf andere Einflussgrößen im Rahmen einer multivariaten Analyse kontrolliert wird (siehe Multivariate Analyse 03).

Tabelle 52: Prognostizierte Überschreiter nach langen Wochenendheimfahrten

| | | Variable Prognostizierte Überschreiter | | Gesamt |
		In Regelstudienzeit	Nicht in Regelstudienzeit	
lange Wochenendheimfahrten	Ja	67,6 %	32,4 %	100,0 %
	Nein	57,4 %	42,6 %	100,0 %
Gesamt		60,9 %	39,1 %	100,0 %

N= 207, p=0,151
Quelle: Eigene Erhebung

H14 (Prüfungsangst)

104 der befragten Studierenden gaben an, dass Prüfungsangst oder psychische Belastungen ihr Studium beeinflussen. 29 Studierende gaben sogar beide Formen der Beeinflussung an.

Tabelle 53: Kreuztabelle Prüfungsangst und psychische Belastungen

| | | psychische Belastungen | | Gesamt |
		Ja	Nein	
Prüfungsangst	Ja	29	30	59
	Nein	45	132	177
Gesamt		74	162	236

Quelle: Eigene Erhebung

Insgesamt gaben 25 Prozent aller befragten Studierenden an, unter Prüfungsangst zu leiden. In der Tendenz zeigt der Datensatz, dass Prüfungsangst ein Hindernis für ein schnelles Studium sein könnte, denn immerhin 46 Prozent derjenigen, die unter Prüfungsangst leiden, werden laut Prognose zum Überschreiter. Die Kausalitätsrichtung bleibt dabei unklar: Ob Prüfungsangst die Studiendauer verlängert oder Misserfolg im Studium Prüfungsangst auslöst, kann hier nicht beantwortet werden. Die Unterschiede in den Ergebnissen der Auswertung eines möglichen Zusammenhangs zwischen dem Vorliegen von Prüfungsangst und der Verlängerung der Studienzeit weisen aber ohnehin keine Signifikanz auf.

Tabelle 54: Prognostizierte Überschreiter nach Prüfungsangst

		Variable Prognostizierte Überschreiter		Gesamt
		In Regelstudienzeit	Nicht in Regelstudienzeit	
Prüfungsangst	Ja	54,3 %	45,7 %	100,0 %
	Nein	62,1 %	37,9 %	100,0 %
Gesamt		60,3 %	39,7 %	100,0 %

N=199, p=0,347
Quelle: Eigene Erhebung

Jedoch zeigt sich eine starke Signifikanz für den Zusammenhang zwischen Selbsteinschätzung der Studierenden und Prüfungsangst. 86 Prozent der Studierenden, die angeben, unter Prüfungsangst zu leiden, überschreiten laut Selbsteinschätzung die Regelstudienzeit.

Tabelle 55: Überschreiter laut Selbsteinschätzung nach Prüfungsangst

		Variable Überschreiter laut Selbsteinschätzung		Gesamt
		In Regelstudienzeit	Nicht in Regelstudienzeit	
Prüfungsangst	Ja	14,0 %	86,0 %	100,0 %
	Nein	39,5 %	60,5 %	100,0 %
Gesamt		33,0 %	67,0 %	100,0 %

N=224, p=0,000
Quelle: Eigene Erhebung

H15 (Psychische Belastungen)

Insgesamt 32 Prozent der Befragten gaben an, dass psychische Belastungen ihr Studium beeinflussen. Die Auswirkung einer hohen psychischen Belastung auf den Studienverlauf ist wiederum nur bei der Selbsteinschätzung signifikant. Bei der Prognose ist ein solcher Zusammenhang nicht signifikant festzustellen. Im Gegenteil: Wer sich richtig unter Druck setzt, scheint sein Studium tendenziell sogar zügiger zu beenden. So absolvieren 66 Prozent der Studierenden, deren Studium laut eigener Aussage durch psychische Belastungen beeinflusst wird, ihr Studium voraussichtlich in der Regelstudienzeit.

Tabelle 56: Prognostizierte Überschreiter nach psychischen Belastungen

		Variable Prognostizierte Überschreiter		Gesamt
		In Regelstudienzeit	Nicht in Regelstudienzeit	
Psychische Belastungen	Ja	65,6 %	34,4 %	100,0 %
	Nein	57,9 %	42,1 %	100,0 %
Gesamt		60,2 %	39,8 %	100,0 %

N=201, p=0,304
Quelle: Eigene Erhebung

Schlussfolgerung: Auch wenn Prüfungsangst und psychische Belastungen keine signifikanten Einflussfaktoren für das Überschreiten der Regelstudienzeit darstellen, soll hier trotzdem auf die hohe Zahl der Studierenden hingewiesen werden, die laut eigener Aussage entweder unter Prüfungsangst oder psychischen Belastungen leiden und selbst einschätzen, dass dies ihr Studium in negativer Hinsicht beeinflusse.

Multivariate Analyse 03

Die multivariate Analyse integriert in der Person der Studierenden liegende Ursachen als erklärende Variablen. In Modell 5 wird deutlich, dass es von großer Bedeutung ist, ob der schnelle Abschluss des Studiums in der Regelstudienzeit den Studierenden wichtig ist oder nicht. Das negative Vorzeichen des Regressionskoeffizienten der Variablen *Studium schnell beenden* zeigt, dass die Wahrscheinlichkeit des Überschreitens der Regelstudienzeit sinkt, wenn die Studierenden selbst ein zügiges Studium anstreben. Der Zusammenhang zwischen der subjektiven Bedeutung eines schnellen Studiums und der Überschreitung der Regelstudienzeit ist hochsignifikant.

Überraschend ist, dass die Variable *Pendeln über die* Wochenenden in Modell 6 einen hochsignifikanten Einflussfaktor für ein schnelleres Studium darstellt. Dies bedeutet, dass im Falle des oftmaligen Pendelns nach Hause, die Studierenden vermutlich seltener die Regelstudienzeit ihres Studiums überschreiten werden. Dass lange Wochenendheimfahrten die Studiendauer verkürzen, erscheint auf den ersten Blick widersinnig. Die Vermutung des Autorenteams ist, dass die Variable abbildet, wer im geografischen Umfeld von Wilhelmshaven die Schulausbildung genossen hat und wer nicht. Damit bringt die Variable – so die Vermutung des Autorenteams – nicht den Nachteil des Pendelns zum Ausdruck, sondern den Vorteil, woanders die schulische Ausbildung erhalten zu haben.

Ein weiter Anfahrtsweg zur Hochschule bzw. ein tägliches Pendeln der Studierenden hat keinen signifikanten Einfluss auf die Überschreitung der Regelstudienzeit.

Tabelle 57: Multivariate Analyse 03

Variable	Modell 5		Modell 6	
	Regressionskoeffizient (B)	Signifikanzniveau (p)	Regressionskoeffizient (B)	Signifikanzniveau (p)
Geschlecht	-,267	,565	-,104	,838
HZB-Art	-,214	,671	-,481	,389
HZB-Note	,937	,053	1,047	,043
Berufsausbildung	-1,424	,006	-1,382	,013
Studiengang Wirtschaft	,665	,159	,883	,081
Studiengang MWJ	-1,331	,041	-1,324	,057
Doppelte externe Restriktion	1,561	,031	1,822	,017
Schwierigkeitsgrad	-,951	,020	-1,094	,012
schnelles Beenden des Studiums	-1,992	,000	-2,147	,000
Tägliches Pendeln	,240	,629		
Wochenendpendeln	-1,020	,629	-1,601	,003
Anteil des Studiums am Leben			-,193	,668
Zukunftspläne			-,706	,108
Prüfungsangst			,081	,874
Psychische Belastungen			,514	,320
	N= 167 , Nagelkerkes R²= 0,40		N= 162, Nagelkerkes R²= 0,43	

Quelle: Eigene Erhebung

Eine Hinzunahme der Merkmale *Anteil des Studiums am Leben der Studierenden, Zukunfts-pläne (Vorhandene Orientierung/Vorstellung bezüglich des weiteren Karrierepfades), Prü-fungsangst* und *psychische Belastungen* in Modell 6 zeigt keinen Zusammenhang mit der Über-schreitung der Regelstudienzeit. Jedes der vier zusätzlich hinzugefügten Merkmale ist insigni-fikant.

6.6 Die Auswirkungen des Lernverhaltens

H16 (Systematische Nachbereitung)

Basierend auf den Interviews wurde als Hypothese formuliert, dass Studierende, eher den Vor-lesungsstoff systematisch vor- und nachbereiten, wenn sie bereits lange studieren und insbe-sondere andere Studiengänge erfolgreich absolviert haben. Hat also die Studiendauer der Stu-dierenden einen Einfluss auf deren systematische Vor- und Nachbereitung der Vorlesungsin-halte?

36 Prozent der Studierenden geben an, Vorlesungsinhalte sehr häufig bis häufig systematisch aufzuarbeiten. Diese studieren im Durchschnitt seit 6,6 Semestern. Die restlichen 64 Prozent, die angeben, diese regelmäßige Vor- und Nachbereitung (eher) zu unterlassen, befinden sich im Durchschnitt im 6,7. Semester. Die systematische Vor- und Nachbereitung von Vorlesungs-inhalten weist also keinen statistisch signifikanten Zusammenhang zur bisherigen Studiendauer auf (p=0,427). Ob Studierende, die bereits andere Studiengänge (erfolgreich) absolviert haben, eher Vorlesungsinhalte nachbereiten, konnte anhand des Datensatzes nicht getestet werden.

Tabelle 58: Anzahl Hochschulsemester nach systematischer Vorlesungsnachbereitung

Systematische Vorlesungsnachbereitung	Mittelwert	N	Standardabweichung
Trifft zu	6,6	11	1,63
Trifft eher zu	6,5	49	1,14
Trifft eher nicht zu	6,9	86	1,42
Trifft nicht zu	6,7	35	1,35
Insgesamt	6,7	181	1,35

N=181, p=0,427
Quelle: Eigene Erhebung

H17 (Vorlesungsbesuch und Selbststudium)

Ein regelmäßiger Vorlesungsbesuch ist in den untersuchten Präsenzstudiengängen an der Jade Hochschule üblich. Die meisten Studierenden im Datensatz besuchen regelmäßig die Vorlesungen. Hier kann der Datensatz allerdings verzerrt sein, da die Daten primär in den Vorlesungen erhoben wurden und folglich nur in der jeweiligen Vorlesung anwesende Studierende den Fragebogen ausfüllen konnten.

Die systematische Nachbereitung der Vorlesung ist (wenig überraschend) auch bei Vorlesungsbesuch zielführend, möchte man zeitnah das Studium beenden. Nur 35,5 Prozent der 186 Studierenden, welche die Vorlesung (eher) regelmäßig besuchen, bereiten (eher) systematisch nach. Dabei führt eine systematische Nachbereitung der Vorlesungsinhalte jedoch deutlich öfter zu einem Studium in der Regelstudienzeit. Bei der Analyse der Prognostizierten Überschreiter erweist sich dieser Zusammenhang als statistisch signifikant. Die Hypothese „Zum erfolgreichen Studium in der Regelstudienzeit ist in vielen Modulen ein regelmäßiges Vor- und Nachbereiten der Vorlesungen nicht notwendig, wenn die Vorlesungen regelmäßig besucht werden" muss abgelehnt werden.

Tabelle 59: Prognostizierte Überschreiter nach systematischer Vorlesungsnachbereitung

		Variable Prognostizierte Überschreiter		Gesamt
		In Regelstudienzeit	Nicht in Regelstudienzeit	
Ich bereite die Inhalte der Vorlesungen systematisch nach.	Trifft zu	8,7 %	2,8 %	6,5 %
	Trifft eher zu	33,9 %	21,1 %	29,0 %
	Trifft eher nicht zu	40,0 %	57,7 %	46,8 %
	Trifft nicht zu	17,4 %	18,3 %	17,7 %
Gesamt		100,0 %	100,0 %	100,0 %

N=186; p=0,050
Quelle: Eigene Erhebung

Unter den Studierenden wird dies aber subjektiv ganz anders eingeschätzt. Die Studierenden verbinden die Nachbereitung des Vorlesungsstoffs nicht mit einer positiven Einschätzung zur

Frage, ob sie in der Regelstudienzeit fertig werden. Eine Korrelation der Werte lässt sich hier nicht ausmachen.

Tabelle 60: Überschreiter laut Selbsteinschätzung nach systematischer Vorlesungsnachbereitung

		Variable Überschreiter laut Selbsteinschätzung		Gesamt
		In Regelstudienzeit	Nicht in Regelstudienzeit	
Ich bereite die Inhalte der Vorlesungen systematisch nach.	Trifft zu	8,1 %	6,0 %	6,7 %
	Trifft eher zu	29,7 %	26,9 %	27,9 %
	Trifft eher nicht zu	43,2 %	50,0 %	47,6 %
	Trifft nicht zu	18,9 %	17,2 %	17,8 %
Gesamt		100,0 %	100,0 %	100,0 %

N=208; p=0,800
Quelle: Eigene Erhebung

Schlussfolgerung: Drei von vier Überschreitern bereiten die Vorlesung nicht systematisch nach. Eine Nachbereitung der Vorlesung erhöht aber statistisch signifikant die Wahrscheinlichkeit, das Studium in der Regelstudienzeit zu beenden.

H22 (Verständnisschwierigkeiten)

Wenn Studierende den Lehrstoff nicht verstehen, ist dies für einen zügigen Studienverlauf keine günstige Voraussetzung. So gibt es auch einen signifikanten Zusammenhang zwischen Verständnisschwierigkeiten von Vorlesungsinhalten und der Selbsteinschätzung der Studierenden, ob sie ihr Studium in der Regelstudienzeit absolvieren werden oder nicht. Bei den Prognostizierten Überschreitern ist jedoch kein signifikanter Zusammenhang zu den Verständnisschwierigkeiten auszumachen.

Tabelle 61: Prognostizierte Überschreiter nach Verständnisschwierigkeiten

		Variable Prognostizierte Überschreiter		Gesamt
		In Regelstudienzeit	Nicht in Regelstudienzeit	
Nichtbefolgung des Studienverlaufsplans, weil der Stoff nicht verstanden wird	Trifft zu	5,3 %	10,4 %	7,6 %
	Trifft eher zu	22,1 %	27,3 %	24,4 %
	Trifft eher nicht zu	49,5 %	49,4 %	49,4 %
	Trifft nicht zu	23,2 %	13,0 %	18,6 %
Gesamt		100,0 %	100,0 %	100,0 %

N=172, p=0,230
Quelle: Eigene Erhebung

Auch gibt es keinen signifikanten Zusammenhang zwischen Verständnisschwierigkeiten und der systematischen Aufbereitung von Vorlesungsinhalten (p=0,728).

Es lässt sich aber nachweisen, dass es auch bei der Gruppe der Studierenden mit Verständnisproblemen hilfreich ist, für ein zügiges Studium die Vorlesung systematisch nachzubereiten. Untersucht man nur die Gruppe jener Studierenden, die sagen, dass das fehlende Verständnis des Stoffs ihren Studienverlauf beeinflusst habe, zeigt sich auch bei ihnen ein klarer Zusammenhang zwischen systematischer Nachbereitung der Vorlesungsinhalte und der Wahrscheinlichkeit, das Studium in der Regelstudienzeit abzuschließen.

Tabelle 62: Systematische Nachbereitung bei Vorliegen von Verständnisschwierigkeiten

		Variable Prognostizierte Überschreiter		Gesamt
		In Regelstudienzeit	Nicht in Regelstudienzeit	
Systematische Nachbereitung	Nein	53,8%	82,8%	69,1%
	Ja	46,2%	17,2%	30,9%
Gesamt		100,0%	100,0%	100,0%

N= 55, p=0,02
Quelle: Eigene Erhebung

Der Besuch von Tutorien erweist sich hier im Übrigen nicht als hilfreich, sondern in der Tendenz sogar eher kontraproduktiv. Das Ergebnis ist aber nicht signifikant.

> *Schlussfolgerung: Wer den Stoff nicht versteht, benötigt deshalb nicht unbedingt mehr Zeit, um das Studium zu absolvieren. Auch hier hilft wieder die systematische Nachbereitung der Vorlesungsinhalte, um das Studium dennoch in der Regelstudienzeit abzuschließen.*

H18 (Vorwissen)

Bei der Analyse der Hypothese „Trotz fehlenden Vorwissens verlängert sich das Studium in allen Studierendengruppen nicht: Wenn ihnen Vorwissen fehlt, holen sie das Fehlende selbst nach" ergibt sich aus Sicht des Autorenteams ein merkwürdiges Ergebnis. Zur Überprüfung der Hypothese gab der Fragebogen folgenden Satz zum Ankreuzen (trifft zu – trifft nicht zu) vor: „Wenn mir Vorwissen fehlt, hole ich das selbst nach."

Hochsignifikantes Ergebnis der Befragung ist, dass Studierende, wenn ihnen Vorwissen fehlt und sie dieses nicht selber nachholen, eher in der Regelstudienzeit studieren als jene, die das fehlende Vorwissen selbst nachholen. Dies würde implizieren, dass ein selbstständiges Aufarbeiten von fehlendem Vorwissen sich nachteilig auf die Studiendauer auswirken würde. Das Autorenteam vermutet, dass viele Studierende den Satz im Fragebogen nicht richtig gelesen und statt zur formulierten Frage dazu Stellung bezogen haben, ob ihnen Vorwissen fehle oder nicht. Daher folgen zu dieser Hypothese keine weiteren Interpretationen; die Ergebnisse werden hier aber trotzdem dargestellt.

Tabelle 63: Prognostizierte Überschreiter nach eigenständiger Aufarbeitung fehlenden Vorwissens

		Variable Prognostizierte Überschreiter		Gesamt
		In Regelstudienzeit	Nicht in Regelstudienzeit	
Wenn mir Vorwissen fehlt, hole ich das selbst nach.	Trifft zu	10,2 %	20,5 %	14,3 %
	Trifft eher zu	34,6 %	34,9 %	34,8 %
	Trifft eher nicht zu	48,8 %	27,7 %	40,5 %
	Trifft nicht zu	6,3 %	16,9 %	10,5 %
Gesamt		100,0 %	100,0 %	100,0 %

$N=210$, $p=0,002$
Quelle: Eigene Erhebung

Dass ein gutes schulisches Vorwissen sich auch im Studium positiv in der Wahrscheinlichkeit, die Regelstudienzeit nicht zu überschreiten, niederschlägt, ergibt sich aus dem hochsignifikanten Einfluss der Hochschulzugangsberechtigungsnote (vgl. die Ergebnisse der multivariaten Analysen 01 - 03).

H19 (Problemscheine)

49,7 Prozent der Studierenden, die nicht nach Modulplan studieren, geben an, dass sie Module geschoben haben oder durchgefallen sind, weil sie (eher) Angst vor diesen Modulen haben. Es lässt sich daher bei diesen Modulen von Angst- oder Problemscheinen sprechen. Nur weil solche Problemscheine geschoben werden, müssen Studierende aber nicht unbedingt die Regelstudienzeit überschreiten. Viele von ihnen tauschen lediglich die Reihenfolge zwischen als leichter empfundenen Scheinen und Problemscheinen.

Die Analyse des Datensatzes offenbart aber, dass die Hypothese „Die meisten Studierenden kennen Angst- und Problemscheine. Diese stellen bei Überschreitern eine mögliche Ursache des längeren Studiums dar" zutrifft. Wer Module aus Angst schiebt oder aus Angst nicht besteht, überschreitet laut Prognose eher die Regelstudienzeit. Unter denen, die Angstscheine kennen („trifft zu"), überschreiten 56 Prozent die Regelstudienzeit. Wer keine Angstscheine kennt („trifft nicht zu"), überschreitet nur mit einer Wahrscheinlichkeit von 29 Prozent die Regelstudienzeit – und dies, obwohl auch diese Gruppe Module schiebt oder nicht bestanden hat. Der Zusammenhang ist (allerdings nur) schwach signifikant.

Tabelle 64: Prognostizierte Überschreiter nach Angst vor einzelnen Scheinen

		Variable Prognostizierte Überschreiter		Gesamt
		In Regelstudienzeit	Nicht in Regelstudienzeit	
...ich Angst vor ihnen habe.	Trifft zu	43,6 %	56,4 %	100,0 %
	Trifft eher zu	50,0 %	50,0 %	100,0 %
	Trifft eher nicht zu	50,0 %	50,0 %	100,0 %
	Trifft nicht zu	70,6 %	29,4 %	100,0 %
Gesamt		55,3 %	44,7 %	100,0 %

$N=152$, $p=0,053$

Quelle: Eigene Erhebung

Die Selbsteinschätzung der Studierenden zu der Frage, ob sie Module geschoben oder sie nicht bestanden haben, weil sie Angst vor ihnen haben, liefert ein hochsignifikantes Ergebnis. 92 Prozent der Studierenden, welche die gestellte Frage mit „trifft zu" beantwortet haben, vermuten, dass sie ihr Studium nicht mehr in der Regelstudienzeit abschließen können. Nur 8 Prozent jener, die von Angstscheinen betroffen sind, können sich noch vorstellen, ihr Studium in der Regelstudienzeit zu absolvieren. Es wird deutlich, dass die Studierenden, die Angstscheine kennen, diese als großes Hindernis in ihrem Studium wahrnehmen.

Tabelle 65: Überschreiter laut Selbsteinschätzung nach Problemscheinen

		Variable Überschreiter laut Selbsteinschätzung		Gesamt
		In Regelstudienzeit	Nicht in Regelstudienzeit	
...ich Angst vor ihnen habe.	Trifft zu	8,1 %	91,9 %	100,0 %
	Trifft eher zu	14,3 %	85,7 %	100,0 %
	Trifft eher nicht zu	17,2 %	82,8 %	100,0 %
	Trifft nicht zu	49,1 %	50,9 %	100,0 %
Gesamt		25,2 %	74,8 %	100,0 %

N=171, p=0,000
Quelle: Eigene Erhebung

> **Schlussfolgerung: Problemscheine oder Angstscheine stellen Einflussfaktoren für das Überschreiten der Regelstudienzeit dar. Besonders für die Studierenden selbst ist die Angst vor bestimmten Scheinen ein Indikator für die Verlängerung des Studiums. Wenn Problemscheine vorliegen, steigt die Wahrscheinlichkeit an, dass die Regelstudienzeit überschritten wird.**

H23 (Handynutzung)

Empirisch belegt ist, dass Multitasking mittels digitaler Geräte auf diverse Fähigkeiten einen negativen Einfluss nimmt (siehe Kapitel 5.6; Spitzer, 2012). Es bleibt zu prüfen, ob dies auch für die Studierenden der Jade Hochschule zutrifft. Zwar hat keine(r) der Befragten in den qualitativen Interviews von solch einer Multitasking-Auswirkung gesprochen, dennoch ist der Hypothese in der quantitativen Analyse nachgegangen worden. Im Fragebogen konnte der folgende Satz bestätigt oder abgelehnt werden: „In der Hochschule schaue ich mindestens alle 15 Minuten auf mein Handy.".

Für 68 Prozent der Studierenden trifft dieser Satz (eher) zu. Der Blick auf das mobile Endgerät gehört also auch in der Vorlesung zum studentischen Alltag. Nur für 14 Prozent der Studierenden ist es nicht wichtig, alle 15 Minuten auf ihr Mobiltelefon zu schauen.

Abbildung 26: Handynutzung in der Hochschule

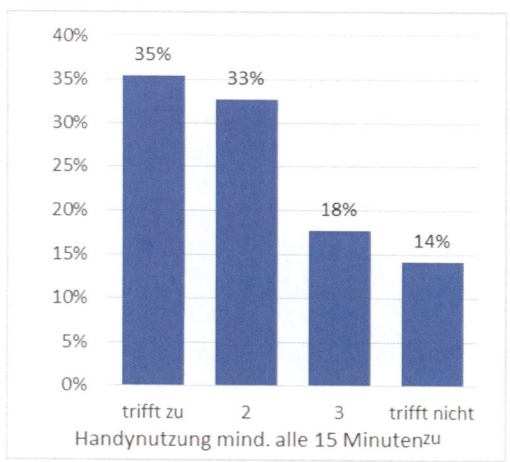

N=263
Quelle: Eigene Erhebung

Ein Zusammenhang zur Wahrscheinlichkeit, die Regelstudienzeit zu überschreiten, ist aber nicht zu erkennen. So zeigt die Kreuztabelle an, dass 72 Prozent der Studierenden, die (eher) alle 15 Minuten in der Hochschule auf ihr Mobiltelefon schauen, laut Prognose ihr Studium in Regelstudienzeit absolvieren werden.

Tabelle 66: Prognostizierte Überschreiter nach Handynutzung

		Variable Prognostizierte Überschreiter		Gesamt
		In Regelstudienzeit	Nicht in Regelstudienzeit	
In der Hochschule schaue ich mindestens alle 15 Minuten auf mein Handy.	Trifft zu	41,7 %	27,2 %	36,1 %
	Trifft eher zu	29,9 %	37,0 %	32,7 %
	Trifft eher nicht zu	16,5 %	16,0 %	16,3 %
	Trifft nicht zu	11,8 %	19,8 %	14,9 %
Gesamt		100,0 %	100,0 %	100,0 %

N=208, p=0,123
Quelle: Eigene Erhebung

Das Autorenteam hält dieses Ergebnis jedoch für nicht aussagekräftig und geht davon aus, dass die Frage nicht explizit genug formuliert wurde. Es besteht ein großer Unterschied darin, ob die Studierenden vielleicht nur alle 15 Minuten kurz auf ihr Handy schauen oder ob eine deutliche Ablenkung über eine längere Zeit besteht und so das Verfolgen der Stoffvermittlung in der Vorlesung unmöglich gemacht wird. Dies lässt sich mittels der gestellten Frage nicht ermitteln.

Multivariate Analyse 04

Um das Lernverhalten multivariat zu analysieren, wurden zunächst einige der nicht signifikanten Variablen aus der Regressionsgleichung wieder entfernt (Modell 7). Die Erklärungskraft des Modells sinkt zwar dadurch (Nagelkerkes R^2= 0,28). Trotzdem ist das Entfernen notwendig, weil insbesondere die Motivation, schnell fertig werden zu wollen, aber auch die Bereitschaft, täglich zu pendeln, sich ihrerseits auf das Lernverhalten auswirken. Hier besteht bei simultaner Nutzung der Variablen in der Analyse die Gefahr von Multikollinearität.

Tabelle 67: Multivariate Analyse 04

	Modell 7		Modell 8		Modell 9	
	Regressions-koeffizient	Signifikanz-niveau	Regressions-koeffizient	Signifikanz-niveau	Regressions-koeffizient	Signifikanz-niveau
Variable	(B)	(p)	(B)	(p)	(B)	(p)
Geschlecht	-,667	,112	-,465	,286	-,247	,589
HZB-Note	,885	,037	,924	,050	,624	,197
Berufsausbildung	-,873	,040	-,930	,041	-,810	,079
Studiengang Wirtschaft	,375	,366	,628	,161	,562	,232
Studiengang MWJ	-1,597	,006	-1,685	,005	-1,474	,013
Doppelte externe Restriktion	1,478	,020	1,297	,048	1,034	,115
Schwierigkeitsgrad	-1,072	,003	-1,271	,001		
Wochenendpendeln	-,528	,173	-,498	,230	-,430	,324
Vorlesungsbesuch			-,492	,429	-,165	,791
Nachbereitung			-1,156	,008	-,825	,071
Handynutzung			-,482	,261	-,632	,177
Stoffverständnis					,277	,524
Angstscheine					,902	,033
	N= 175 , Nagelkerkes R²= 0,28		N= 170 , Nagelkerkes R²= 0,35		N= 139 , Nagelkerkes R²= 0,27	

Quelle: Eigene Erhebung

Die neu in Modell 8 hinzugefügten Merkmale *regelmäßiger Vorlesungsbesuch* und *Handynutzung in der Vorlesungszeit* zeigen keinen Zusammenhang mit der Überschreitung der Regelstudienzeit. Das hinzugefügte Merkmal *systematische Nachbereitung der Vorlesungsinhalte* hingegen zeigt einen hochsignifikanten Einfluss darauf, in welcher Geschwindigkeit die Studierenden ihr Studium absolvieren. Das negative Vorzeichen weist wieder darauf hin, dass die Wahrscheinlichkeit des Überschreitens der Regelstudienzeit sinkt, wenn die Studierenden die Vorlesungsinhalte nachbereiten. Das Bestimmtheitsmaß (Nagelkerkes R²) steigt mit Hinzunahme der Variablen im Vergleich zu Modell 7 leicht auf 0,35 an. Das Modell 9 wurde durch die Variablen *Stoffverständnis* und *Angstscheine* ergänzt, dafür wurde der Schwierigkeitsgrad aus der Regressionsgleichung entfernt. Diese Änderung in der Analyse lässt das Bestimmtheitsmaß (Nagelkerkes R²) wieder leicht auf 0,27 sinken. Die Variable *Angstscheine* hat einen signifikanten Einfluss auf die Überschreitung der Regelstudienzeit. Dies bedeutet, dass jene Studierende, die mit Angstscheinen im Studium zu kämpfen haben, mit höherer Wahrscheinlichkeit die Regelstudienzeit überschreiten werden. Das Merkmal *Stoffverständnis* der Studierenden zeigt keine signifikanten Auswirkungen auf die Studiengeschwindigkeit.

6.7 Die Auswirkungen von Prokrastination

Sehr deutlich ist der Zusammenhang erkennbar, dass das Nichtbestehen von Klausuren mit Verzögerungen im Studium und einem Überschreiten der Regelstudienzeit einhergeht. Von den 78 Studierenden, die bisher alle ihre Klausuren bestanden haben, können voraussichtlich 77 Prozent ihr Studium in der Regelstudienzeit beenden. In der Gruppe, die mindestens eine Klausur nicht bestanden haben (104 Studierende), sind es lediglich 50 Prozent. Der Unterschied zwischen den beiden Gruppen ist hochsignifikant. Auch bei der Selbsteinschätzung der Studierenden macht sich der Unterschied hochsignifikant bemerkbar.

Tabelle 68: Prognostizierte Überschreiter nach Bestehen/Nichtbestehen von Klausuren

		Variable Prognostizierte Überschreiter		Gesamt
		In Regelstudienzeit	Nicht in Regelstudienzeit	
Alle Klausuren bestanden	Ja	76,9%	23,1%	100,0%
	Nein	50,0%	50,0%	100,0%
Gesamt		61,5%	38,5%	100,0%

N=182, p=0,000
Quelle: Eigene Erhebung

Tabelle 69: Überschreiter laut Selbsteinschätzung nach Bestehen/Nichtbestehen von Klausuren

		Variable Überschreiter laut Selbsteinschätzung		Gesamt
		In Regelstudienzeit	Nicht in Regelstudienzeit	
Alle Klausuren bestanden	Ja	58,8%	41,2%	100,0%
	Nein	19,1%	80,9%	100,0%
Gesamt		36,3%	63,7%	100,0%

N=200, p=0,000
Quelle: Eigene Erhebung

Aus den qualitativen Interviews ließ sich entnehmen, dass nicht nur Fehlversuche bei Modulprüfungen zu längeren Studienzeiten führen, sondern auch das Aufschieben von Modulen auf künftige Semester einen bedeutenden Einfluss hat. Studierende schieben unangenehme Dinge (Modulprüfungen) vor sich her (Prokrastination).

Hieraus wurde in Kapitel 5 folgende doppelte Hypothese abgeleitet: *Das Nichtbestehen von Klausuren löst Verzögerungen im Studium aus, weil es Studierende entweder entmutigt, sodass sie auch andere Module vor sich herschieben (Teil a der Hypothese), oder weil es einen Aufholeffekt auslöst, bei dem sich Studierende eine zu hohe Anzahl an Prüfungen in einem Prüfungszeitraum vornehmen (Teil b der Hypothese).*

H20a (Schieben)

68,4 Prozent der Studierenden, die mindestens eine Klausur nicht bestanden haben, haben außerdem auch Klausuren vor sich hergeschoben. Unter den Studierenden, die bisher alle Klausuren bestanden haben, haben hingegen nur 31,6 Prozent mindestens eine Klausur geschoben (also ein Modul nicht gemäß Studienverlaufsplan absolviert).

Abbildung 27: Prokrastination

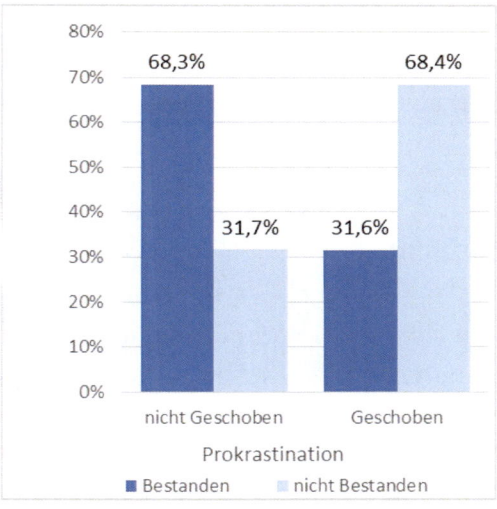

N=218
Quelle: Eigene Erhebung

Die Hypothese, dass die Mehrheit derjenigen, die mindestens eine Klausur nicht bestanden haben, auch eher Module schiebt, trifft demnach zu. Der Zusammenhang ist hochsignifikant (vgl. Tabelle 70).

Tabelle 70: Prokrastination nach Bestehen/Nichtbestehen von Klausuren

			Alle Klausuren bestanden		Gesamt
			Ja	Nein	
Mindestens eine Klausur geschoben	Nein	Anzahl	41	19	60
		% innerhalb von Klausuren schieben	68,3 %	31,7 %	100,0 %
	Ja	Anzahl	50	108	158
		% innerhalb von Klausuren schieben	31,6 %	68,4 %	100,0 %
Gesamt		% der Gesamtzahl	41,7 %	58,3 %	100,0 %

N=218, p=0,000
Quelle: Eigene Erhebung

H20b (Aufholeffekt)

Die qualitative Analyse lässt vermuten, dass es bei einigen Studierenden einen Aufholeffekt auslöst, wenn Klausuren nicht bestanden werden. Studierende nehmen sich dann eine (zu) hohe Anzahl an Prüfungen im kommenden Prüfungszeitraum vor, um dann wieder nach Studienverlaufsplan studieren zu können. Die Konsequenzen dieses Aufholeffektes lassen sich mit den gestellten Fragen an sich nicht messen. Es gibt aber Indizien.

19 Studierende schieben keine Klausuren, obwohl sie mindestens eine Klausur nicht bestanden haben. Für sie trifft der Aufholeffekt zu: Sie müssen, um weiter nach Studienverlaufsplan zu studieren (im nächsten Semester also keines der dort veranschlagten Module zu schieben), mehr Module als eigentlich vorgesehen absolvieren.

Doch übernehmen sie sich damit? 29 Prozent von ihnen überschreiten laut Prognose die Regelstudienzeit. Um diese Zahl einzuordnen, bietet sich der Vergleich mit den anderen Studierendengruppen an. Gemessen an den Studierenden, die den Studienverlaufsplan befolgen, überschreiten sie häufiger die Regelstudienzeit. Verglichen mit den Studierenden, die alle Klausuren bestanden, aber mindestens eine geschoben haben, schneiden sie hingegen leicht besser ab. Auch im Vergleich zum Gesamtdurchschnitt aller drei übrigen Gruppen (39 Prozent) weisen sie einen geringen Anteil an Prognostizierten Überschreitern auf. Negative Konsequenzen der Versuche, Verzögerungen im Studium durch nicht bestandene Klausuren schnell wieder auszugleichen, sind also nicht auszumachen.

Tabelle 71: Zusammenhang Prokrastination und Bestehen/Nichtbestehen von Klausuren

		Variable Prognostizierte Überschreiter		Gesamt
		In Regelstudienzeit	Nicht in Regelstudienzeit	
Studierende haben bisher	Studienverlaufsplan befolgt	89,2 %	10,8 %	100,0 %
	alle Klausuren bestanden, aber mindestens eine geschoben	65,9 %	34,1 %	100,0 %
	keine Klausur geschoben, aber mindestens eine nicht bestanden	70,6 %	29,4 %	100,0 %
	sowohl mindestens eine Klausur geschoben als auch nicht bestanden	46,0 %	54,0 %	100,0 %
Gesamt		61,5 %	38,5 %	100,0 %

N=182, p=0,000
Quelle: Eigene Erhebung

Damit kann der erste Teil der Hypothese bestätigt werden, der zweite hingegen nicht. Das Nichtbestehen von Klausuren löst tatsächlich Verzögerungen im Studium aus, weil es Studierende entmutigt, sodass sie auch andere Module vor sich herschieben. Dies erhöht wiederum signifikant die Wahrscheinlichkeit, die Regelstudienzeit zu überschreiten.

H21 (Faulheit)

Die Untersuchungsergebnisse zeigen einen eindeutigen Zusammenhang der Überschreitung der Regelstudienzeit mit der Investition von Fleiß auf. Wer fleißig ist, neigt seltener dazu, länger zu studieren. Dieses Ergebnis zeigt sich sowohl bei der Selbsteinschätzung als auch bei der Prognose und bei den Tatsächlichen Überschreitern. Tabelle 72 zeigt den hochsignifikanten Zusammenhang zur Variablen Prognostizierte Überschreiter.

Tabelle 72: Prognostizierte Überschreiter nach Attribut Faulheit/Fleiß

		Variable Prognostizierte Überschreiter		Gesamt
		In Regelstudienzeit	Nicht in Regelstudienzeit	
...ich einfach faul bin.	Trifft zu	36,8 %	63,2 %	100,0 %
	Trifft eher zu	59,0 %	41,0 %	100,0 %
	Trifft eher nicht zu	42,9 %	57,1 %	100,0 %
	Trifft nicht zu	70,8 %	29,2 %	100,0 %
Gesamt		56,4 %	43,6 %	100,0 %

N=172, p=0,007
Quelle: Eigene Erhebung

Multivariate Analyse 05

Für das Modell 10 dient das Modell 5 als Ausgangsbasis. Modell 5 wurde um die Variablen *Klausuren bestanden* und *Klausuren nicht geschoben* ergänzt. Es zeigt sich ein signifikanter Zusammenhang der prognostizierten Überschreitung der Regelstudienzeit mit der Variablen *Klausuren nicht geschoben*. Wer Klausuren vor sich herschiebt, wird die Regelstudienzeit wahrscheinlicher überschreiten. Die Variable *Klausuren bestanden* zeigt sich in der multivariaten Analyse als insignifikant. Die Hinzunahme dieser beiden Merkmale in der Analyse erhöht das Bestimmtheitsmaß (Nagelkerkes R^2) auf 0,45.

Modell 11 und Modell 12 zeigen noch einmal eine Gesamtschau der analysierten Variablen. Mit Modell 11 wird ein Erklärungsgehalt der abhängigen Variable von über 50 Prozent erreicht. Die Selbsteinschätzung der Studierenden, ob *Faulheit* ihr Studium beeinflusst oder nicht, ist im Übrigen in keiner der gerechneten Analysen von signifikanter Bedeutung (siehe Modell 12). Sie wird durch die Wirkung anderer Variablen (vor allem *Klausuren nicht geschoben*) in ihren Auswirkungen verdeckt.

Tabelle 73: Multivariate Analyse 05

Variable	Modell 10		Modell 11		Modell 12	
	Regressions-koeffizient (B)	Signifi-kanzniveau (p)	Regressions-koeffizient (B)	Signifi-kanzniveau (p)	Regressions-koeffizient (B)	Signifi-kanzniveau (p)
Geschlecht	-,287	,551	-,137	,792	-,016	,977
Hochschulzugangsberechtigung	-,250	,638	-,282	,625	,008	,989
HZB-Note	,834	,098	1,247	,036	1,417	,025
Berufsausbildung	-1,446	,008	-1,297	,034	-1,414	,030
Studiengang Wirtschaft	,660	,183	,467	,417	,532	,383
Studiengang MWJ	-1,280	,056	-1,526	,037	-1,554	,042
Doppelte externe Restriktion	1,058	,150	1,312	,113	1,587	,068
Schwierigkeitsgrad	-,750	,080	-,748	,135	-,822	,124
Studium schnell Beenden	-1,882	,000	-1,701	,005	-1,693	,006
Tägliches Pendeln	,290	,580	,149	,800	,454	,482
Wochenendpendeln	-1,181	,015	-1,299	,016	-1,395	,012
Klausuren bestanden	,585	,179	,579	,229	,303	,553
Klausuren nicht geschoben	1,023	,041	1,111	,046	,771	,234
Zukunftspläne			-,791	,098	-,698	,163
Auslandssemester			-1,566	,042	-1,989	,019
Regelmäßiger Vorlesungsbesuch			-,035	,962	-,147	,848
Lernaufwand während VL-Zeit			,369	,539	-,089	,891
Systematische Nachbereitung			-,938	,086	-,624	,301
Faulheit					-,300	,596
	N= 167, Nagelkerkes R²= 0,45		N= 158, Nagelkerkes R²= 0,52		N= 131, Nagelkerkes R²= 0,49	

Quelle: Eigene Erhebung

6.8 Ergebnisse der Pencil- and Paper-Befragung aller Studierenden

Zwölf Einflussfaktoren können für die Überschreitung der Regelstudienzeit damit aus der quantitativen Analyse festgehalten werden. Die ersten fünf Einflussfaktoren sind dabei weder von der Hochschule noch von den Studierenden beeinflussbar, wenn nicht bereits bei der Vergabe der Studienplätze darauf Rücksicht genommen wird:

> *Männer überschreiten in den drei analysierten Studiengängen öfter die Regelstudienzeit als Frauen.*

> *Schlechtere Schulabgänger_innen überschreiten mit höherer Wahrscheinlichkeit die Regelstudienzeit (gemessen an der Hochschulzugangsberechtigungsnote).*

> *Studierende, die zuvor keine Berufsausbildung absolviert haben, werden die Regelstudienzeit mit höherer Wahrscheinlichkeit überschreiten.*

> *Finanzierungsprobleme liegen oft vor und gehen in der Tendenz mit einer Verzögerung des Studiums einher.*

> *Krankheiten und Unfälle verursachen Verzögerungen im Studienverlauf, die vor allem laut Selbsteinschätzung der Betroffenen auch ein Überschreiten der Regelstudienzeit begründen können.*

Einen Einflussfaktor könnte die Hochschule variieren:

> *Der Schwierigkeitsgrad des jeweiligen Studiums hat einen Einfluss auf das Überschreiten der Regelstudienzeit.*

Fraglich ist, ob hier eine Änderung gewünscht ist. Generell empfinden die Studierenden in den untersuchten drei Studiengängen das Studium als nicht übermäßig schwer. Die Durchschnittsnote von 3,4 auf einer Skala von 1 bis 6 offenbart hier keinen großen Handlungsbedarf.

Nicht alle Studierenden werden vom Wunsch einer kurzen Studiendauer angetrieben. Für einige der Studierenden ist das Studium eher eine Nebensache. Zwei weitere Einflussfaktoren belegen dies:

> *Studierende, die einen schnellen Abschluss ihres Studiums nicht für wichtig erachten, überschreiten die Regelstudienzeit häufiger.*

> *Wer dem Studium nur einen Anteil von bis zu 50 Prozent in seinem Leben widmet, wird die Regelstudienzeit statistisch häufiger überschreiten.*

Auch das Lernverhalten der Studierenden beeinflusst die Wahrscheinlichkeit, in der Regelstudienzeit zu studieren.

➤ *Die Fächer im Studium erscheinen den Studierenden als unterschiedlich einfach. Einige der Fächer werden als Problemfächer ausgemacht, vor denen Studierende Angst empfinden. Wenn solche Problemscheine vorliegen, steigt die Wahrscheinlichkeit, dass die Regelstudienzeit überschritten wird.*

➤ *Wer keine systematische Nachbereitung der Vorlesung durchführt, erhöht statistisch signifikant die Wahrscheinlichkeit, das Studium nicht in der Regelstudienzeit zu beenden.*

➤ *Das Schieben von Klausuren führt eher zu einer Überschreitung der Regelstudienzeit als das Nichtbestehen von Klausuren. Es wurde ein signifikanter Zusammenhang festgestellt. Dabei fällt auf, dass die Mehrheit derjenigen, die mindestens eine Klausur nicht bestanden haben, auch öfter Module schiebt.*

➤ *Es besteht ein eindeutiger Zusammenhang zwischen der Überschreitung der Regelstudienzeit und der Investition von Fleiß.*

Abbildung 28: Ursachen für das Überschreiten der Regelstudienzeit in absoluten Häufigkeiten

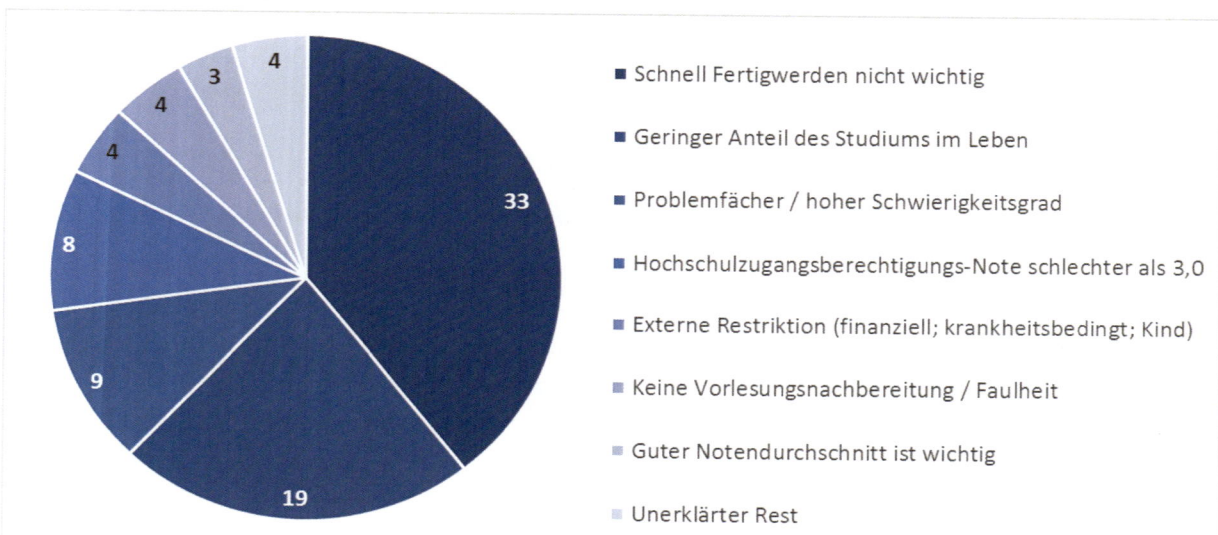

N= 84
Quelle: Eigene Erhebung

Wenn die Prognostizierten Überschreiter der Regelstudienzeit auf ihre Gründe hin in einem Kreisdiagramm analysiert werden, so fällt auf, dass für 33 von ihnen ein schnelles Fertigwerden nicht wichtig ist. Hinzu kommen 19, die zwar schnell fertig werden wollen, bei denen das Studium aber nicht im Mittelpunkt des Lebens steht. Von den verbleibenden Studierenden leiden vier unter einer doppelten externen Restriktion. Diese drei Punkte alleine bilden damit bereits für 56 von 84 Prognostizierten Überschreitern die Ursachen ab.

Neun weitere Studierende haben mit Problemscheinen zu kämpfen oder empfinden den Schwierigkeitsgrad ihres Studiums als zu hoch. Des Weiteren zeigt sich, dass auch eine Hochschulzugangsberechtigungsnote von 3,0 oder schlechter ein Grund für ein verlängertes Studium darstellen kann. Vier der verbleibenden Studierenden sehen keine Notwendigkeit darin, die Vorlesungen systematisch nachzubereiten oder schieben Module aus Faulheit vor sich her. Den weiteren Studierenden ist ein guter Notendurchschnitt in ihrem Studium sehr wichtig. Auch dadurch kann sich ein Studium verzögern und die Regelstudienzeit überschritten werden. Den letzten vier verbleibenden Studierenden, die die Regelstudienzeit überschreiten, kann kein eindeutiger Grund für die Überschreitung zugewiesen werden – sie verbleiben als unerklärter Rest.

6.9 Ergebnisse der Online-Befragung der Langzeitstudierenden

Bei der quantitativen Befragung der Langzeitstudierenden mittels eines Online-Fragebogens wurde dieser insgesamt von zwölf Studierenden ausgefüllt. Die Ergebnisse konnten sofort online auf der Umfragewebsite eingesehen und ausgewertet werden. Drei der zwölf Studierenden beendeten die Online-Umfrage nicht vollständig und konnten somit nicht bei allen Kernfragen berücksichtigt werden. Die Ergebnisse sind nicht repräsentativ.

Die Langzeitstudierenden, welche den Online-Fragebogen vollständig ausgefüllt haben, setzen sich aus acht männlichen und einer weiblichen Befragten zusammen und sind im Durchschnitt 30 Jahre alt. Sie gaben ihre Studienzufriedenheit mit einer Durchschnittsnote von 3,75 an. Sie sind also eher unzufrieden mit ihrem Studienverlauf und erachten ihr Studium mit einer Durchschnittsnote von 3,58 als eher schwierig. Bei einem Großteil der Befragten, die zu 90 Prozent mehr als 16 Hochschulsemester studieren, war das Studium nicht der Lebensmittelpunkt oder sogar eine reine Nebenbeschäftigung, obwohl fast alle einen schnellen Studienabschluss als wichtig empfinden. Auffällig dabei ist, dass Vorlesungen zu 77 Prozent und Tutorien zu 67 Prozent regelmäßig besucht werden, obwohl das Studium nicht der Lebensmittelpunkt für die meisten Studierenden zu sein scheint. Dies spricht für einen höheren Arbeitsaufwand als eigentlich angegeben. Ein rechtzeitiger Lernbeginn für die Prüfungsphase findet jedoch nicht statt. Insbesondere bei der Frage, warum die Studierenden durch Prüfungen durchgefallen sind oder die entsprechenden Module geschoben haben, wurde angegeben, dass die Stoffmenge zu viel zum Auswendiglernen sei und der Lernbeginn eindeutig zu spät stattfinde. Prokrastination beim Lernen scheint insofern ein wichtiger Grund für die Studiendauer zu sein.

Als mögliche Merkmale, die sich verzögernd auf das Studium auswirken können, gaben die Studierenden psychische Belastungen, die Notwendigkeit des Jobs für den Lebenslauf, den Halbtagsjob zum „Geldverdienen" und Prüfungsangst an. Bei einem Vergleich dieser Daten mit den Ergebnissen der quantitativen Befragung aller Studierenden kann festgehalten werden, dass die Ursachen

- ➤ zu geringer Anteil des Studiums am Leben,
- ➤ Faulheit,
- ➤ fehlende Nachbereitung und
- ➤ später Lernbeginn

sich auch in dieser Befragung widerspiegeln. Faktoren wie externe Restriktionen, kein Drang, das Studium schnell zu beenden oder eine HZB-Note schlechter als 3,0 konnten hier nicht als Gründe festgestellt werden. Auf eine tabellarische Darstellung von Ergebnissen wird aufgrund der fehlenden Repräsentativität verzichtet.

7. Handlungsempfehlungen

Aufbauend auf die Analyse der Befragungsergebnisse sind an dieser Stelle des Berichts geeignete Handlungsempfehlungen abzuleiten, die an den Ursachen von deutlichen Überschreitungen der Regelstudienzeit ansetzen. Solche Handlungsempfehlungen für die Hochschule abzuleiten, fällt dem Autorenteam aber schwer:

Bei der Analyse der quantitativen Befragung fällt auf, dass es kein einziges Handlungsfeld gibt, in dem für die Hochschule dringender Handlungsbedarf erkennbar ist.

Überschreiter und Kontrollgruppe unterscheiden sich bezüglich der direkten Einflussmöglichkeiten der Hochschule einzig in der Wahrnehmung des Schwierigkeitsgrades der Prüfungen signifikant voneinander. Daraus ist aber nicht abzuleiten, dass der Schwierigkeitsgrad gesenkt werden müsste, denn insgesamt empfindet die Mehrheit der Studierenden den Schwierigkeitsgrad ihres Studiums als leicht oder mittelleicht.

Es liegt eher an der Heterogenität der Studierenden, dass viele Studierende ihre Module als schwierig empfinden – in den untersuchten Fächern tummeln sich Studierende mit Abitur genauso wie Studierende mit Fachhochschulreife aus unterschiedlichen Bundesländern, deren Noten der Hochschulzugangsberechtigung weit streuen. So wurden beispielsweise im Sommersemester 2014 Studierende bereits mit einem Notendurchschnitt (Hochschulzugangsberechtigung) von 3,4 im Studiengang Wirtschaft und 3,5 im Studiengang Tourismuswirtschaft zum Studium zugelassen (Numerus Clausus).

Mit der Hochschulzugangsberechtigungsnote ändert sich signifikant die Wahrscheinlichkeit, die Regelstudienzeit zu überschreiten. Möglicherweise sollten mit Blick auf die Reduktion der Studiendauer durch Kriterien der Zugangsberechtigung die Studierenden vorab besser selektiert werden. Ferner könnte die Hochschule den Studierenden erst nach einem Zugangstest die Eignung für das Studium bescheinigen.

Auch unter den Langzeitstudierenden im engeren Sinne finden sich kaum Antworten, die daraufhin hindeuten, dass die Jade Hochschule mit Änderungen oder Reformen die Studiengeschwindigkeit beschleunigen könnte. Die geführten Interviews legen eher nahe, dass viele Langzeitstudierende (ohne dass sich dieser Anteil vom Autorenteam quantifizieren ließe) nur deshalb Langzeitstudiengebühren zahlen, weil sie sich in einem Zweitstudium befinden. Manche von ihnen haben das Erststudium abgebrochen, andere haben es erfolgreich beendet. Die übrigen Langzeitstudierenden führen zumeist an, dass das Studium nicht der Lebensmittelpunkt oder gar eine reine Nebenbeschäftigung sei, die neben dem eigentlichen Job betrieben werde.

Auch wenn sich damit für die Hochschule kein unmittelbarer Handlungsbedarf ergibt, sind Verbesserungen im Detail aber immer möglich. Aufbauend auf den untersuchten Hypothesen werden im Folgenden einige Vorschläge unterbreitet:

H1 (Geschlecht)

Laut Prognose überschreiten 49 Prozent der männlichen, aber nur 35 Prozent der weiblichen Studierenden die Regelstudienzeit. In allen drei untersuchten Studiengängen schneiden die

Männer schlechter ab als die Frauen. Allerdings erweist sich dieser Unterschied in der multivariaten Analyse nicht als signifikant, das Geschlecht ist also vermutlich nicht der ursächliche Faktor für die Überschreitungen der Regelstudienzeit. Handlungsempfehlungen fallen daher keine an.

H2 (Berufsausbildung)

Laut der multivariaten Analyse überschreiten eher diejenigen Studierenden, die keine Berufsausbildung absolviert haben, die Regelstudienzeit. Eine vorher abgeschlossene Berufsausbildung wirkt sich folglich positiv auf die Verkürzung der Studiendauer aus. Über die Gründe dafür lässt sich aber nur spekulieren, die Befragung gibt dazu keine Auskunft. Möglicherweise beeinflusst eine vorangegangene Berufsausbildung die Disziplin, das Selbstmanagement und die Zielstrebigkeit der Studierenden in positiver Hinsicht. Eine mögliche Handlungsempfehlung für die Hochschule wäre daher, **die Ursachen für die positiven Auswirkungen einer abgeschlossenen Berufsausbildung näher zu erforschen**. Nach derzeitigem Wissensstand ist eine Möglichkeit der Beeinflussung durch die Hochschule ansonsten nicht gegeben.

H3 (Finanzierungsproblem)

Während Schwierigkeiten mit der Finanzierung des Studiums sich nicht als relevante Größe für das Einhalten der Regelstudienzeit erweisen, nehmen die Studierenden selbst Finanzierungsprobleme als Hindernis für einen flüssigen Studienverlauf wahr. Besonders in höheren Semestern wird es für die Studierenden schwieriger, ihren Lebensunterhalt und ihr Studium zu finanzieren, weil bei Überschreiten der Regelstudienzeit BAföG-basierte Zahlungen und je nach Elternhaus auch die Bereitschaft der Eltern zur Unterstützung entfallen.

Nebenjobs im derzeit üblichen Umfang stellen aber keine Ursache für eine Studienverlängerung dar. Studierende mit Job, und zwar unabhängig davon, ob dieser mit Blick auf einen als positiv assoziierten Lebenslauf oder zum „Geldverdienen" angenommen worden ist, studieren nicht länger als Studierende ohne Nebenjob. Dies könnte sich indes ändern, würden die Studierenden eine höhere Stundenbelastung im Nebenjob wählen. Möglicherweise unterlassen sie dies entweder wegen der herrschenden Minijob-Regel oder weil sie selbstkritisch genug sind, einzusehen, dass eine höhere Belastung ihre Studiendauer verlängern würde.

Es ist nicht Aufgabe der Hochschule, die Finanzierung des Studiums sicherzustellen, aber sie kann und sollte auf einschlägige Beratungsangebote hinweisen. Sollten finanzielle Mittel zur Verfügung stehen, ließe sich über hochschulseitige Stipendien oder über den Einsatz weiterer Mittel für Tutorinnen und Tutoren und studentische Hilfskräfte nachdenken.

Da Nebenjobs bislang nicht kontraproduktiv auf die Studiendauer wirken, käme auch eine Verbesserung der Kompatibilität von Nebenjob und Studium in Frage. Allerdings sind die drei analysierten Studiengänge hier schon sehr gut aufgestellt. Parallelangebote, die eine zeitliche Flexibilität ermöglichen, sind reichlich vorhanden. Dies lässt sich am Ergebnis erkennen, dass Nebenjobs kein Studium in der Regelstudienzeit verhindern. Deshalb will das Autorenteam hier keine Handlungsempfehlung geben.

H4 (Kinder/Pflegebedürftige)

Für eine eindeutige Aussage, ob die Versorgung von Kindern oder Pflegebedürftigen zu einer Überschreitung der Regelstudienzeit führt, war die Fallzahl der Befragten zu gering. In den qualitativen Interviews äußerten sich die Studierenden mit Kind jedoch dahingehend, dass sie sich noch etwas mehr Unterstützung seitens der Hochschule wünschen würden. Da der Anteil der Studierenden mit Kind oder Pflegebedürftigen eher klein ist, würden Maßnahmen und Verbesserungen in diesem Bereich möglicherweise quantitativ kaum Einfluss auf das Überschreiten der Regelstudienzeit haben, sie würden aber für Chancengleichheit unter den Studierenden mit und ohne Kind oder Pflegebedürftigen sorgen.

Viele Vorlesungen werden das ganze Studium über nur nachmittags angeboten und sind daher für Studierende mit Kind oder pflegebedürftiger Person schwer wahrnehmbar. Eine **Überprüfung der Betreuungsstruktur** (Kindertagesstätte der Hochschule) für die Kinder von Studierenden der Jade Hochschule mit eventuell damit einhergehender Ausdehnung der Kita-Zeit bis einschließlich 19:15 Uhr (sechster Block) ist hier zu empfehlen. Eine weitere Möglichkeit besteht darin, für eine **bessere Verzahnung der Präsenzstudiengänge mit den Online-Studiengängen** zu sorgen. Es könnte den Studierenden mit Kind oder Pflegebedürftigen auf Antrag die Chance gegeben werden, einige im Präsenzstudium in zeitlicher Hinsicht schwer zu belegende Module, die in Online-Studiengängen ähnlich angeboten werden, online zu belegen und sich diese im Präsenzstudium anrechnen zu lassen.

H5 (Krankheiten/Unfälle)

Die Hypothese, dass Krankheiten, Verletzungen sowie Unfälle das Studium verlängern, wird bestätigt und stellt besonders bei der Selbsteinschätzung der Studierenden einen signifikanten Faktor für eine Überschreitung der Regelstudienzeit dar. Es ist der Hochschule selbstverständlich nicht möglich, Verletzungen und Unfälle der Studierenden zu verhindern, jedoch ist dafür zu sorgen, dass eine bauliche **Barrierefreiheit für alle Räumlichkeiten** der Jade Hochschule gewährleistet ist und auch denjenigen Studierenden, die durch eine Verletzung oder einen Unfall in ihrer Bewegungsfähigkeit eingeschränkt sind, ein reibungsloser Vorlesungsbesuch ermöglicht wird. Des Weiteren ist es denkbar, dass eine **Ansprechpartnerin oder ein Ansprechpartner – deutlich** auf der Hochschul-Homepage ausgewiesen und für Fragen und Unterstützung in diesem Bereich zur Verfügung stehend, von den Studierenden als hilfreich betrachtet wird.

H6 (Die enge Terminierung der Prüfungen)

Das Problem zu eng terminierter Klausuren kann in der quantitativen Analyse nicht signifikant als Einflussfaktor bestätigt werden. Es wird jedoch von bis zu 87 Prozent der Studierenden, welche nicht nach Modulplan studiert haben, moniert. Oft hieß es in den qualitativen Interviews sinngemäß, dass die Klausuren zeitlich so nah beieinanderliegen, dass das Lernen für mehrere Klausuren nicht möglich sei.

Eventuell kann dieser Missstand dadurch behoben werden, wenn der **Klausurplan vor Semesterbeginn** und damit vor Erstellung des Stundenplans bekannt ist. Studierende können so gleich die Fächer für ihren Stundenplan wählen, die sich später nicht im Klausurplan überschneiden oder zu eng beieinanderliegen. Da das Problem der späten Terminierung seinen Ursprung unter anderem darin findet, dass für viele Klausuren die Aula benötigt wird, müssten die Belegungspläne dieser Räumlichkeit für die Prüfungen in den Fachbereichen bereits Mitte des vorherigen Semesters beschlossen und mitgeteilt werden.

Ein anderer Ansatzpunkt wäre, die Studierenden zu motivieren, ihre **Lernphase bereits vor der Klausurphase** zu beginnen (vgl. Handlungsempfehlung zu Hypothese 20).

H7 (Schwierigkeitsgrad)

Der empfundene Schwierigkeitsgrad des Studiums hat einen signifikanten Einfluss auf die Studiengeschwindigkeit. Die Studierenden in der Gruppe der Überschreiter empfinden ihr Studium als eher schwierig. Ein geringerer Schwierigkeitsgrad in den untersuchten Studiengängen würde zwar Abhilfe schaffen, ist aber nicht wünschenswert, denn das Studium würde dann insgesamt an Wert (für die erfolgreichen Studierenden) verlieren.

Mögliche Handlungsempfehlungen, mit denen ein Überschreiten der Regelstudienzeit aufgrund eines zu hohen Schwierigkeitsgrades fallweise verhindert werden könnte, wären zum einen die Bereitstellung von genaueren und nicht- verfälschenden **Informationen** über die Studieninhalte vor Studienbeginn für Studieninteressierte. Vielen Studierenden ist zum Beispiel die Existenz eines hohen Mathematikanteils in ihrem Studiengang vor Studienbeginn nicht bekannt. Durch ein **Schnupperstudium**, Schnuppervorlesungen oder Entscheidungs- und Orientierungsseminare, die nicht nur leichte, spannende Fächer beinhalten, sondern möglicherweise auch die Module, die den Studierenden später Schwierigkeiten bereiten, erhalten Studieninteressierte ein klareres Bild davon, was sie in diesem Studiengang erwartet. Sie können eher abwägen, ob ein Beginn dieses Studiums die richtige Entscheidung ist. Ebenfalls von Bedeutung ist, dass alle **Anforderungen** nach deutschem und europäischem Qualifikationsrahmen für Bachelorabschlüsse **vorher bekannt** sind. So fällt das Studium ggf. leichter, da eine andere Akzeptanz der Inhalte unter den Studierenden besteht. Da insbesondere Studierende mit einer Hochschulzugangsberechtigungsnote von schlechter als 3,0 die Regelstudienzeit überschreiten und möglicherweise Schwierigkeiten mit den Anforderungen in ihrem Studium haben, ist es ratsam, für diese Studierenden durch **Vorbereitungskurse** vor Studienbeginn die Chancen auf ein flüssiges Hochschulstudium zu verbessern (vielleicht mit der Vergabe eines „Studierführerscheins").

Für Studierende, die sich bereits mitten in ihrem Studium befinden, ist es wichtig, dass **Mentoring und Tutoring** an der Hochschule besonders für Problemfächer stetig ausgebaut werden. Die Qualität von Mentoring und Tutoring sollte dabei regelmäßig überprüft und verbessert werden. Mit **Umfragen** unter den Studierenden lässt sich herausfinden, in welchen Fächern ein erhöhter Bedarf an Unterstützung besteht und mit welchen Fächern die Studierenden im Hinblick auf die gebotene Unterstützung unzufrieden sind. Wichtig ist, dass bemängelte Zustände auch wirklich überprüft und dann ggf. abgestellt werden. Insgesamt sind solche studentischen Befragungen ernst zu nehmen; die Evaluation der Lehre ist als Teil eines kontinuierlichen Verbesserungsprozesses anzusehen.

H8 (Hilfestellungen)

Die bereits bestehenden Hilfestellungen und Tutorien an der Jade Hochschule werden von allen drei Gruppen weitreichend genutzt. Es konnte kein Zusammenhang zwischen einer Nichtnutzung der Hilfestellungen und Tutorien und dem Überschreiten der Regelstudienzeit festgestellt werden. Ganz im Gegenteil greifen sogar 69 Prozent derer, welche die Regelstudienzeit überschreiten, auf die Tutorien der Fachbereiche (eher) regelmäßig zurück!

Wie bereits unter Hypothese 7 erwähnt, wäre es hilfreich, die Qualität der Tutorien zu überprüfen und weiter zu verbessern. **Nicht notwendige Tutorien sollten minimiert oder abgeschafft werden**, um mehr Kapazitäten für die besonders gefragten Bereiche (Problemfächer) zu schaffen. Des Weiteren ist es besonders für die Zukunftsorientierheit der Hochschule wichtig, Bereiche wie **E-Learning oder Blended Learning** weiter auszubauen. Die bereits bestehende Lern-Plattform Moodle wird in vielen Modulen nicht verwendet. Doch gerade sie stellt viele Funktionen bereit, die Studierenden das Selbststudium erleichtern und als „Online-Anreiz" zum interaktiven Lernen dienen könnte. Auch **Übungsklausuren** werden von den Studierenden zur Prüfungsvorbereitung gewünscht und gerne genutzt.

Zusätzlich könnten **Zusatz-, Brücken- und Sommerkurse**, die ggf. in den Semesterferien nach vorheriger Anmeldung angeboten werden, als weitere Hilfestellung dienen, das Studium in der Regelstudienzeit und ohne Verständnisschwierigkeiten zu absolvieren.

H9 (Informationen)

Zwischen Informationsdefiziten seitens der Hochschule und der Studiendauer ist kein signifikanter Zusammenhang festzustellen. Daher können hierzu keine direkten Handlungsempfehlungen abgegeben werden. Die eine Hälfte der Befragten fühlt sich von der Hochschule gut informiert über ihr Studium, die andere Hälfte erhält nach subjektivem Empfinden bezüglich ihres Studiums nicht genug Informationen von der Hochschule.

Interessant wäre in diesem Zusammenhang zum Beispiel die Einrichtung und Kommunikation von **Beschwerdestellen (Feedback-Briefkasten)**, um vorhandene Probleme und Fragen unter den Studierenden frühzeitig zu erkennen und ggf. zu handeln. Die besondere Betreuung der Studierenden zu Studienbeginn ist ebenfalls von großer Bedeutung, da für die Studierenden nicht nur der Studiengang mit seinen jeweiligen Fächern und deren stofflicher Inhalt neu sind, sondern auch die Rahmenbedingungen, die ein Studium an der Jade Hochschule mit sich bringen. Die Vorbereitungswochen (**Orientierungsveranstaltungen**) sind somit weiter auszubauen und zu verbessern. Eine weitere Maßnahme, um hier die richtigen Schritte zu tätigen, wäre eine **regelmäßige Befragung** derjenigen Studierenden, die die Startzeit überwunden haben und bereits ein oder zwei Semester studieren. Die Hochschule könnte so in Erfahrung bringen, was genau den Studierenden für einen besseren Studienbeginn gefehlt hat und was in den Vorbereitungswochen verbessert werden könnte.

H10 (Orientierungslosigkeit)

Es besteht kein signifikanter Zusammenhang zwischen Orientierungslosigkeit und Verlängerung der Studiendauer bei den Studierenden der Jade Hochschule. Die Mehrheit hat bereits bestehende Zukunftspläne, und es lässt sich keine Orientierungslosigkeit feststellen. Mögliche Maßnahmen könnten hier zum Beispiel die Einrichtung von Beratungsstellen sein, die Zukunftschancen aufzeigen. Des Weiteren dienen Gründerakademie und Karrieretage als hilfreiches Angebot gegen eine Orientierungslosigkeit im Studium. Die Jade Hochschule ist in dieser Hinsicht bereits sehr gut aufgestellt und benötigt nach Meinung der Autoren eher keine Handlungsempfehlungen in diesen Bereichen.

H11 (Bewusste Entscheidung)

Die Hypothese, dass die Überschreiter die Regelstudienzeit fast alle unfreiwillig überschreiten, muss abgelehnt werden. Studierende, denen es nicht wichtig ist, ihr Studium so schnell wie möglich zu beenden, überschreiten die Regelstudienzeit deutlich häufiger. Wenn sie aus einer bewussten Entscheidung heraus länger studieren möchten, kann die Hochschule dies nicht beeinflussen. Handlungsempfehlungen können daher nicht abgegeben werden.

H12 (Lebensmittelpunkt)

Wer seinem Studium nach eigener Aussage weniger als 50 Prozent Anteil an seinem Leben widmet, studiert mit höherer Wahrscheinlichkeit länger. Dieser Zusammenhang ließ sich in der Analyse signifikant feststellen. Nebenjobs beeinflussen die Studiendauer jedoch nicht. Der Anteil, den das Studium im Leben eines Studierenden einnimmt, ist zwischen Studierenden mit Nebenjob und Studierenden ohne Nebenjob ähnlich. Die Hochschule hat außerdem keinen Einfluss darauf, welchen Anteil das Studium für die Studierenden in ihrem Leben einnimmt. Es bleibt lediglich die Möglichkeit für die Hochschule, das Studium **so ansprechend und flexibel wie möglich** zu gestalten (siehe vorherige Handlungsempfehlungen), um den Studierenden beste Möglichkeiten zu bieten, ihrem Studium einen hohen Anteil in ihrem Leben zu widmen. Handelt es sich jedoch um eine bewusste Entscheidung der Studierenden, das Studium als Nebensache aufzufassen, so ist dies als freie Entscheidung zu akzeptieren und liegt außerhalb des Handlungsrahmens der Hochschule.

H13a/b (Geografische Distanz)

Nur wenige Studierende haben einen langen Anfahrtsweg zur Hochschule, sie wohnen meistens im näheren Umkreis. Es kann kein signifikanter Zusammenhang zwischen langen Anfahrtswegen und einer Verlängerung des Studiums festgestellt werden. Auch längere Wochenendheimfahrten stellen keine signifikante Ursache für eine Verlängerung des Studiums dar. Im Gegenteil: Laut Modell 10 bis 12 überschreiten sogar signifikant mehr Studierende die Regelstudienzeit, die keine langen Wochenendheimfahrten antreten, als diejenigen, die in die Heimat zurückpendeln, was das Autorenteam wie oben geschildert dem unterschiedlichen Schulbildungsniveau in den Bundesländern zuschreibt. Es besteht hier kein Handlungsbedarf für die Hochschule.

H14 (Prüfungsangst) und H15 (Psychische Belastungen)

Es konnte kein signifikanter Zusammenhang zwischen Prüfungsangst und einem Überschreiten der Regelstudienzeit festgestellt werden. Die Studierenden selbst nehmen dies aber anders wahr. 104 der 263 befragten Studierenden geben an, dass Prüfungsangst oder psychische Belastungen ihr Studium beeinflussen. 29 Studierende geben sogar beide Formen der Beeinflussung an. Zudem ist auffällig, dass Studierende mit Prüfungsangst laut Selbsteinschätzung signifikant häufiger die Regelstudienzeit überschreiten. Auch die Vielzahl der Studierenden, welche Prüfungsangst und psychische Belastungen im Studienverlauf beklagen, ist besorgniserregend. Die Hochschule ist in diesem Bereich mit Mentorenprogrammen, Beratungsstellen und einem Pastor als Ansprechpartner jedoch bereits gut aufgestellt.

Möglicherweise fokussieren die Studierenden sich in ihrem Studium zu sehr auf die Prüfungen und weniger auf das Interesse am vermittelten Stoff und den Spaß am Lernen. Da sie den Studiengang unter Annahme freiwillig studieren, sollten sie eigentlich ein hohes Interesse auch am Stoff selbst haben und sich nicht nur für die Prüfungen den Stoff „eintrichtern". Nicht das Entdecken von neuem Wissen steht im Vordergrund des Studiums, sondern der Zertifikatserwerb. Dies kann bei ersten Fehlversuchen schnell zu Prüfungsangst und psychischen Belastungen führen. Die Hochschule kann unter den gegenwärtigen Rahmenbedingungen (Bologna-Reform) hier allerdings nur begrenzt gegenwirken; die oben angeführte Studie von Herbst et al. (2016) zeigt auf, dass dies ein Problem ist, das alle Bachelor-Studiengänge in Deutschland gemeinsam haben.

H16 (Systematische Nachbereitung) und H17 (Vorlesungsbesuch und Selbststudium)

Ein Zusammenhang zwischen unregelmäßigem Vorlesungsbesuch und einer Überschreitung der Regelstudienzeit kann nicht eindeutig festgestellt werden. Ein Grund hierfür ist vermutlich, dass die Fragebögen in den Präsenzveranstaltungen verteilt wurden und sich dort mit hoher Wahrscheinlichkeit eher die Studierenden befanden, welche ihre Vorlesungen regemäßig besuchen.

Die regelmäßige Nachbereitung des Vorlesungsstoffs trägt laut der multivariaten Analyse hochsignifikant dazu bei, das Studium in der Regelstudienzeit zu beenden. Erschreckend ist jedoch, dass 64 Prozent der Studierenden eine systematische Vor- und Nachbereitung der Vorlesung für nicht notwendig erachten, obwohl die Vorlesungen dies laut Lehrplan erfordern würden.

Handlungsbedarf besteht hier darin, dass den Studierenden aufgezeigt werden muss, wie sie ihren Studienverlauf am besten planen, wie der Studienalltag aussehen sollte und wie man **Selbst- und Zeitmanagement** optimiert. Manche Studierende sind zu Beginn des Studiums selbst nicht in der Lage, sich solch einen „Plan" zu erarbeiten. **Kurse oder Vorlesungen**, die sich mit diesem Thema beschäftigen, könnten Studierenden eine Hilfe bieten, ihr Studium geordneter, um einiges leichter und schneller abzuschließen. Hier könnten den Studierenden auch die Anforderungen der Modulbeschreibungen hinsichtlich des Selbststudiums vor Augen geführt werden. Feste **Lerngruppen** können Disziplin fördern und Motivation einbringen.

H18 (Vorwissen)

Die Hypothese zum Vorwissen konnte nicht korrekt geprüft werden, weil die diesbezügliche Frage vermutlich falsch verstanden wurde. Benötigtes Vorwissen im Studium basiert jedoch entweder auf der schulischen Vorbildung der Studierenden oder auf systematischer Vor- und Nachbereitung der Vorlesungen vergangener Semester. Damit ist hier auf die oben bereits genannten Handlungsempfehlungen zu verweisen.

H19 (Problemscheine)

Wer Module aus Angst schiebt oder nicht besteht, überschreitet laut Prognose eher die Regelstudienzeit. Dieser Zusammenhang ist schwach signifikant.

Ähnlich wie bei der Analyse von Hypothese 14 (Prüfungsangst) erweist sich der Zusammenhang zwischen der Existenz von Angst- oder Problemscheinen und dem Überschreiten der Regelstudienzeit gerade in der Selbsteinschätzung der Studierenden als hochsignifikanter Grund, die Regelstudienzeit zu überschreiten: Nur acht Prozent jener Studierenden, die von Angstscheinen betroffen sind, können sich noch vorstellen, ihr Studium in der Regelstudienzeit zu absolvieren. Auch in der multivariaten Analyse weisen Problemscheine einen signifikanten Einfluss auf.

Die Hochschule sollte z. B. durch **Befragungen** in den einzelnen Studiengängen kontinuierlich erheben, welche Module Angst- oder Problemscheine darstellen und warum. Dies ermöglicht es, Hilfen für die Studierenden noch zielgenauer einzurichten und die Module so zu gestalten, dass sie sich den Studierenden angenehmer darstellen. Hier gibt es drei Ansatzpunkte:

> ➤ Erstens wird eine **Überprüfung und gegebenenfalls Anpassung der Qualifikationsziele** in den Modulbeschreibungen bei den Re-Akkreditierungen vorgeschlagen. Mit komplexen Inhalten überladene Module könnten gegebenenfalls durch Teilung „entschärft" werden.

> ➤ Zweitens sollte für interessiere Lehrende ein **didaktisches Weiterbildungsangebot** kommuniziert werden.

> ➤ Drittens sollten vor allem als Problemscheine wahrgenommene Module in **möglichst kleinen Gruppen** unterrichtet werden. Dabei ist allerdings darauf zu achten, dass ein Angebot durch mehrere Lehrende in einer Konkurrenzsituation möglicherweise zu einer unerwünschten Reduktion der Komplexität des Stoffes führt, da Dozierende, wenn sie den Stoff auf der gebotenen Komplexitätsebene unterrichten, keine Studierenden mehr im Kurs vorfinden.

H20a (Schieben) und H20b (Aufholeffekt)

Wenn Studierende Klausuren nur geschoben (aber alle Klausuren bestanden) haben oder nie Klausuren geschoben, dafür aber Klausuren nicht bestanden haben, führt dies nicht zwangsläufig zu einer Verlängerung der Regelstudienzeit. Viele dieser Studierenden können ihr Studium in Regelstudienzeit absolvieren. Erst die Symbiose aus Nicht-Bestehen und Schieben von Klausuren führt zum Nicht-Einhalten der Regelstudienzeit.

Die Hypothese, dass die Mehrheit derjenigen, die mindestens eine Klausur nicht bestanden haben, auch Module schiebt, trifft zu. Der Zusammenhang ist hochsignifikant. Das Nicht-Bestehen von Klausuren löst bei vielen Studierenden die Prokrastination weiterer Klausuren aus. Dies mag mit der Prüfungsangst, die ein Nicht-Bestehen von Klausuren auslöst, zusammenhängen.

Da es den Studierenden jedoch freisteht, ob sie ihren Stundenplan nun umstellen oder ob sie weiter versuchen, nach der Prüfungsordnung zu studieren, ist es der Hochschule nicht möglich, hier direkt einzugreifen. Eine Veränderung dieses Systems der Studiengänge, in dem Module jederzeit vom Studierenden zeitlich verschoben werden können, würde vermutlich auch nicht zu einer Besserung führen. Vielleicht würde sogar die Zahl der Exmatrikulationen steigen, wenn die Studierenden sofort gezwungen sind, bestimmte Klausuren zu schreiben.

Trotzdem ist es sinnvoll, Hilfestellungen zu geben, um Prokrastination entgegenzuwirken. Das Autorenteam verweist hier auf die Handlungsempfehlungen der Hypothese 8 (Übungsklausuren) und empfiehlt für Studierende mit Prokrastinationsneigung in den Problemmodulen die Einrichtung regelmäßiger Kontrolle durch **Abgabe freiwilliger Übungsaufgaben** für die kontinuierliche Auseinandersetzung mit dem Stoff.

Es ist schwierig, gegen Prokrastination vorzugehen, da jede Art von Hilfestellung einen Zwang beinhalten und somit die Entscheidungsfreiheit der mündigen Studierenden einschränken würde.

H21 (Faulheit)

Es besteht in allen drei befragten Gruppen ein hochsignifikanter Zusammenhang zwischen der Überschreitung der Regelstudienzeit und der Investition von Fleiß. Wer fleißig ist, neigt seltener dazu, länger zu studieren. In der multivariaten Analyse zeigt sich das Merkmal der Faulheit als insignifikant, da die HZB-Note bereits viel vom Erklärungsgehalt des Fleißes enthält. Als bereits aufgeführte Handlungsempfehlung bleibt festzuhalten, dass das Hochschulstudium so ansprechend, interessant und interaktiv wie möglich gestaltet werden sollte, denn Erfolgserlebnisse im Studium erzeugen Ehrgeiz und vertreiben Faulheit. Das Autorenteam verweist auf die Handlungsempfehlungen der Hypothesen 8 (Hilfestellungen) und 20 (Prokrastination).

H22 (Verständnisschwierigkeiten)

Es ergab sich kein Zusammenhang zwischen Verständnisschwierigkeiten der Studierenden und einer Verlängerung ihrer Studiendauer. Lediglich gemäß der Selbsteinschätzung der Studierenden konnte eine Signifikanz nachgewiesen werden. Das Ergebnis bleibt jedoch: Wer Verständnisschwierigkeiten hat, studiert nicht unbedingt länger. Regelmäßiges Vor- und Nachbereiten der Vorlesung kann Abhilfe schaffen. Auch hier wird ebenfalls auf die Handlungsempfehlungen zur Hypothese 8 (Hilfestellungen) verwiesen. Die dort genannten Maßnahmen wirken Verständnisschwierigkeiten entgegen und unterstützen die Studierenden, Wissenslücken zu füllen.

H23 (Handynutzung)

Ein Zusammenhang der Handynutzung mit der Wahrscheinlichkeit, die Regelstudienzeit zu überschreiten, ist nicht zu erkennen. 72 Prozent der Studierenden, die (eher) alle 15 Minuten in der Hochschule auf ihr Mobiltelefon schauen, werden laut Prognose ihr Studium in der Regelstudienzeit absolvieren. Auch in der multivariaten Analyse zeigt sich dieses Merkmal als insignifikant. Dozentinnen und Dozenten könnten mobile Endgeräte in den Vorlesungen verbieten, wenn die Nutzung solcher Geräte als respektlos empfunden wird. Es besteht jedoch kein Bedarf für diese Maßnahme. Handlungsempfehlungen für die Hochschule können nicht abgegeben werden.

Tabelle 74: Überblick über die Handlungsempfehlungen

Handlungsempfehlungen	Hypothesen
Handlungsempfehlungen für die Hochschule	
Ein didaktisches Weiterbildungsangebot für interessierte Lehrende anbieten und kommunizieren.	H19
Ursachen für die positiven Auswirkungen einer abgeschlossenen Berufsausbildung näher erforschen.	H2
Das zeitliche Betreuungsangebot überprüfen (Kinderbetreuung).	H4
Verzahnung der Präsenzstudiengänge mit den Online-Studiengängen verbessern.	H4, H12
Barrierefreiheit für alle Räumlichkeiten herstellen.	H5
Alle Anforderungen nach deutschem und europäischem Qualifikationsrahmen für Bachelorabschlüsse vorher bekannt geben.	H7
Handlungsempfehlungen für die Fachbereiche	
Die Studierenden zur Erörterung des Bedarfs an Unterstützung durch Mentoring und Tutoring befragen.	H7
Die Studierenden zu Angst- oder Problemscheinen befragen.	H 19
Die Studierenden im zweiten bzw. dritten Semester darüber regelmäßig befragen, was für einen besseren Studienbeginn gefehlt hat und was verbessert werden könnte.	H9
Ansprechpartner besser kommunizieren.	H5
Klausurplan vor Semesterbeginn bekannt geben.	H6
Schnupperstudium, Schnuppervorlesungen oder Entscheidungs- und Orientierungsseminare weiter ausbauen	H7, H9
Mentoring und Tutoring weiter ausbauen.	H7, H18, H20a/b, H21, H22
Nicht notwendige Tutorien minimieren oder abschaffen.	H8, H20a/b, H21, H22
Kurse oder Vorlesungen für Selbst- und Zeitmanagement einrichten.	H16, H17
Module müssen in möglichst kleinen Gruppen unterrichtet werden.	H 19
Genauere Informationen über die Studieninhalte vor Studienbeginn für Studieninteressierte bereitstellen.	H7
Vorbereitungskurse vor Studienbeginn (Studierführerschein) einrichten.	H7, H18
Kontinuierliche Evaluation der Lehre gewährleisten.	H7
Zusatz-, Brücken und Sommerkurse offerieren.	H8, H18, H20a/b, H21, H22
Beschwerdestellen (Feedback-Briefkasten) einrichten und bewerben.	H9
Qualifikationsziele in den Modulbeschreibungen überprüfen und ggf. anpassen.	H 19
Handlungsempfehlungen für Dozierende	
Studierende weiterhin motivieren, ihre Lernphase bereits vor der Klausurphase zu beginnen.	H6, H18, H20a/b, H21, H22
Übungsklausuren bereitstellen.	H8, H18, H20a/b, H21, H22
Die Bildung von Lerngruppen unterstützen.	H16, H17, H18, H20a/b, H21, H22
E-Learning, insbesondere Blended Learning, als Unterstützung zum Selbststudium anbieten.	H8, H18, H20a/b, H21, H22

Quelle: Eigene Erhebung

8. Fazit und Ausblick

Mit den vorliegenden Ergebnissen der qualitativen und der quantitativen Analyse im Rahmen des Forschungsprojektes lassen sich die Ursachen für Überschreitungen der Regelstudienzeit sowie für ungewollte Studienabbrüche an den Fachbereichen MIT und Wirtschaft der Jade Hochschule feststellen. Im Rahmen der Befragung konnten neun Langzeitstudierende interviewt werden; zudem bezogen neun Langzeitstudierende online Stellung zu einschlägigen Fragen. In der qualitativen Analyse wurden weitere 17 Studierende in Interviews befragt; 213 Studierende konnten zudem in der quantitativen Analyse untersucht werden.

Zwölf Einflussfaktoren konnten für die Überschreitung der Regelstudienzeit empirisch ermittelt werden. Einige Einflussfaktoren sind dabei weder von der Hochschule noch von den Studierenden beeinflussbar, wenn nicht bereits bei der Vergabe der Studienplätze darauf Rücksicht genommen wird. Folgende **nicht beeinflussbare Ursachen bzw. Merkmale** lassen sich festhalten:

> *Männer überschreiten in den drei analysierten Studiengängen öfter die Regelstudienzeit als Frauen.*

> *Schlechtere Schulabgänger_innen überschreiten mit höherer Wahrscheinlichkeit die Regelstudienzeit (gemessen an der Hochschulzugangsberechtigungsnote).*

> *Studierende, die zuvor keine Berufsausbildung absolviert haben, werden die Regelstudienzeit mit höherer Wahrscheinlichkeit überschreiten.*

> *Finanzierungsprobleme liegen oftmals vor und gehen in der Tendenz mit einer Verzögerung des Studiums einher – vor allem dann, wenn weitere Erschwernisse wie Krankheiten oder Unfälle hinzukommen.*

> *Krankheiten und Unfälle verursachen Verzögerungen im Studienverlauf, die vor allem laut Selbsteinschätzung der Betroffenen auch ein Überschreiten der Regelstudienzeit begründen können.*

Einen Einflussfaktor könnte die Hochschule variieren:

> *Der Schwierigkeitsgrad des jeweiligen Studiums hat einen Einfluss auf das Überschreiten der Regelstudienzeit.*

Fraglich ist, ob diese Variation gewünscht ist. Generell empfinden die Studierenden in den untersuchten drei Studiengängen das Studium nämlich als nicht übermäßig schwer. Die Durchschnittsnote von 3,4 auf einer Skala von 1 bis 6 offenbart hier nicht wirklich Handlungsbedarf.

Nicht alle Studierenden werden vom Wunsch einer kurzen Studiendauer angetrieben. Für einige der Studierenden ist das Studium eher eine Nebensache. Zwei weitere Einflussfaktoren belegen dies:

> *Studierende, die einen schnellen Abschluss ihres Studiums nicht für wichtig erachten, überschreiten die Regelstudienzeit häufiger.*

> *Wer dem Studium nur einen Anteil von bis zu 50 Prozent in seinem Leben widmet, wird die Regelstudienzeit statistisch häufiger überschreiten.*

Das **Lernverhalten der Studierenden** beeinflusst die Wahrscheinlichkeit, in der Regelstudienzeit zu studieren, erheblich. Insbesondere sei hier auf das Zusammenspiel von fehlender systematischer Nachbereitung des Vorlesungsstoffes im Semester (Der Stoff wird nur zusammengetragen; die inhaltliche Beschäftigung hiermit wird oft bis zur Klausurzeit aufgeschoben.), einer dann folglich als zu eng empfundenen Terminierung von Prüfungen und unterschiedlichem Schwierigkeitsgrad von Klausuren hingewiesen. Studierende nehmen dann häufig nur die als einfacher erscheinenden Modulprüfungen wahr und verschieben die schwierigeren. Dies führt zur Existenz von Angstscheinen und zu psychischem Druck. Über die Semester akkumulieren sich dann die noch ausstehenden schwierigeren Scheine. Die Weigerung vieler Studierender, sich schon im Semester mit dem Vorlesungsstoff auseinanderzusetzen, führt damit zu gravierenden Konsequenzen für die Studiendauer. Dieses Szenario basiert auf folgenden Ergebnissen der Befragung:

> *Die Fächer im Studium erscheinen den Studierenden als unterschiedlich einfach. Einige der Fächer werden als Problemfächer ausgemacht, vor denen Studierende Angst empfinden. Wenn solche Problemscheine vorliegen, steigt die Wahrscheinlichkeit, dass die Regelstudienzeit überschritten wird.*

> *Wer keine systematische Nachbereitung der Vorlesung durchführt, erhöht statistisch signifikant die Wahrscheinlichkeit, das Studium nicht in der Regelstudienzeit zu beenden. Eine systematische Nachbereitung der Vorlesungsinhalte ist dabei unter den Studierenden wenig verbreitet.*

> *Das Schieben von Klausuren führt eher zu einer Überschreitung der Regelstudienzeit als das Nichtbestehen von Klausuren. Es wurde ein signifikanter Zusammenhang festgestellt. Dabei fällt auf, dass die Mehrheit derjenigen, die mindestens eine Klausur nicht bestanden haben, auch öfter Module schiebt.*

> *Es besteht ein eindeutiger Zusammenhang mit der Überschreitung der Regelstudienzeit und der Investition von Fleiß.*

Wenn die Prognostizierten Überschreiter der Regelstudienzeit auf ihre Gründe hin in einem **Kreisdiagramm hinsichtlich aller auftretenden Ursachen** analysiert werden, so fällt auf, dass für über 40 Prozent von ihnen ein schnelles Fertigwerden nicht wichtig ist. Hinzu kommen 23 Prozent, die zwar schnell fertig werden wollen, bei denen das Studium aber nicht im Mittelpunkt des Lebens steht. Deutlich mehr als die Hälfte der Studierenden erbringt also – so lässt sich dies prägnant zusammenfassen – offensichtlich nicht die nötige Bereitschaft mit, den für einen zügigen Studienabschluss erforderlichen zeitlichen Aufwand zu erbringen. Hier kann die

Institution Hochschule kaum weiterhelfen. Kritik an den Rahmenbedingungen des Studiums wurde zwar vereinzelt geäußert, aber weder aus den Aussagen der Langzeitstudierenden noch aus den Interviews und Antworten der weiteren befragten Studierenden lässt sich ermitteln, dass die Institution Hochschule eine Mitverantwortung an Überschreitungen der Regelstudienzeit und ungewollten Studienabbrüchen trägt. Einzige Ausnahme ist der Schwierigkeitsgrad der Studiengänge. Da die Hochschule den Auftrag hat, mit der Zertifizierung der Leistung der Studierenden (Verleihung des Bachelors) potenziellen Arbeitgebern mittels Benotung und Studiendauermitteilung die Qualität der Studierenden als potenzielle Arbeitnehmer zu signalisieren, ist ein entsprechender Schwierigkeitsgrad, der eine Selektion der Studierenden ermöglicht, jedoch zwingend erforderlich.

Auch wenn gemäß der Analyse die Hochschule nicht verantwortlich für deutliche Überschreitungen der Regelstudienzeit ist, ergeben sich aus den Befragungen diverse konkrete Handlungsempfehlungen, welche der Hochschule und den Studierenden helfen sollten, ein Überschreiten der Regelstudienzeit oder einen ungewollten Abbruch zu vermeiden. Eine Übersicht findet sich in Tabelle 74.

Bemerkenswert ist der in empirischer Hinsicht allerdings nur unzureichend abgesicherte Befund zu den **tatsächlichen derzeitigen Langzeitstudierenden**. Die qualitativen Interviews deuten darauf hin, dass Langzeitstudierende ihr Studium oft als eher leicht empfinden und mehrfach angeben, die Regelstudienzeit voraussichtlich einhalten zu können. Dies ist ein ernstzunehmender Hinweis darauf, dass die gegenwärtigen Langzeitstudierenden möglicherweise nicht als eine problematische Gruppe betrachtet werden müssen, sondern dass sie sich entweder in einem Zweitstudium befinden (mit akkumulierter Semesteranzahl) oder dass sie aufgrund ihrer eigenen Lebensvorstellungen die Studieninhalte freiwillig über einen sehr langen Zeitraum strecken.

An einigen Stellen stößt die vorliegende Studie an ihre Grenzen und es ergibt sich weiterer **Forschungsbedarf**: Die Ursachen für die positiven Auswirkungen einer abgeschlossenen Berufsausbildung könnten näher erforscht werden. Auch könnte das Prokrastinationsverhalten der Studierenden in Längsschnittstudien genauer untersucht werden. Das Stressempfinden der Studierenden könnte ebenfalls für die Jade Hochschule analog zur oben zitierten Studie von Herbst et al. (2016) analysiert werden. Darüber hinaus sind bislang nur Studierende in drei Studiengängen dieser Hochschule quantitativ befragt worden. Die Befragung in weiteren Studiengängen bietet sich an.

Infolge des demografischen Wandels ist davon auszugehen, dass die Studienanfängerzahlen sinken. Für das Jahr 2013 wurden für Niedersachsen 36 171 Studienanfänger vorläufig gemeldet, deren Anzahl laut Prognose der Kultusministerkonferenz bis 2025 auf 32 721 Studienanfänger sinken wird (vgl. KMK 2014). Für die Jade Hochschule bedeutet dies, dass sie sich auch auf sinkende Studierendenzahlen einstellen muss und entweder eine bessere Betreuungsrelation anbieten kann oder mit Kürzungen für die Infrastruktur zu rechnen ist.

Quellenverzeichnis

Bienert, M. (2002): BWL-Studium in Regelstudienzeit? – Eine empirische Untersuchung der Gründe langer Studienzeiten am FB Wirtschaft der Fachhochschule Hannover, online abgerufen: http://serwiss.bib.hs-hannover.de/frontdoor/index/index/docId/269 (23.06.2015)

Brodaty, T., Gary-Bobo, R., Prieto, A. (2009): Does Speed Signal Ability? – A Test of Spence's Theory, Beitrag der CESifo Area Conference, Applied Microeconomics, online abgerufen: https://www.cesifo-group de/portal/pls/portal/!PORTAL.wwpob_page.show?_docname=1116600.PDF (23.02.2016)

Cohen, S., Williamson, G.M. (1988): Perceived stress in a probability sample of the United States. In Spacapan S., Oskamp, S. (Hrsg.): The social psychology of health: Claremont Symposium on Applied Social Psychology, 3–67

Cohen, S., Kamarck T., Mermelstein R. (1983): A global measure of perceived stress. Journal of Health and Social Behavior. 24 (4), 385–396

Fries, N., Steinitz, D. (2003): Langzeitstudierende – Ursachen von Studienverzögerungen im Magister-Studium Germanistische Linguistik, online abgerufen: http://www2.rz.hu-berlin.de/linguistik/institut/syntax/docs/langzeit.pdf (23.06.2015)

Flick, U. (2012): Qualitative Sozialforschung: Eine Einführung, Reinbek bei Hamburg, 5. Auflage

Giese, S., Otte, F., Stoetzer M.-W., Berger, C. (2013): Einflussfaktoren des Studienerfolges im betriebswirtschaftlichen Studium: Eine empirische Untersuchung, Jenaer Beitrage zur Wirtschaftsforschung, Jena, Heft 2013/01

Helfferich, C. (2011): Die Qualität qualitativer Daten, Wiesbaden, 4. Auflage

Herbst, U., Voeth, M., Eidhoff, A.-T., Müller, M., Stief, S. (2016): Studierendenstress in Deutschland – eine empirische Untersuchung, online abgerufen: http://aok-bv.de/imperia/md/aokbv/presse/pressemitteilungen/archiv/2016/08_projektbericht_stress-studie_druck.pdf (10.12.2016)

Jade Hochschule (2010): Struktur- und Entwicklungsplan der Jade Hochschule – STEP 2020, Wilhelmshaven/Oldenburg/Elsfleth

Jade Hochschule (2012): Besonderer Teil (Teil B) der Prüfungsordnung für den Bachelor-Studiengang Wirtschaft der Jade Hochschule Wilhelmshaven/Oldenburg/Elsfleth, online abgerufen: https://www.jade-hs.de/fileadmin/gemeinsame_dokumente/ordnungen/BPO-W-2012_idF_20130605.pdf (16.03.2016)

Jade Hochschule (2012a): Besonderer Teil (Teil B) der Prüfungsordnung für den Bachelor-Studiengang Tourismuswirtschaft der Jade Hochschule Wilhelmshaven/Oldenburg/Elsfleth, online abgerufen: https://www.jade-hs.de/fileadmin/gemeinsame_dokumente/ordnungen/BPO-TW-2012_idF_20150204.pdf (04.04.2016)

Jade Hochschule (2012b): Besonderer Teil (Teil B) der Prüfungsordnung für den Bachelor Studiengang Wirtschaft der Jade Hochschule Wilhelmshaven/Oldenburg/Elsfleth, online abgerufen: https://www.jade-hs.de/fileadmin/gemeinsame_dokumente/ordnungen/bpo_medienwirtschaftjournalismus_whv.pdf (04.04.2016)

Jade Hochschule (2015): Jahresbericht 2014, Wilhelmshaven/Oldenburg/Elsfleth

Jade Hochschule (2016a): Profil der Jade Hochschule Wilhelmshaven/Oldenburg/Elsfleth; online abgerufen: http://www.jade-hs.de/hochschule/portraet/ (16.03.2016)

Jade Hochschule (2016b): Leitgedanken für die Entwicklung der Jade Hochschule; online abgerufen: http://www.jade-hs.de/hochschule/portraet/leitgedanken/ (16.03.2016)

Jade Hochschule (2016c): Fachbereich Wirtschaft; online abgerufen: http://www.jade-hs.de/fachbereiche/wirtschaft/ (16.03.2016)

Jade Hochschule (2016d): Fachbereich Management, Information, Technologie; online abgerufen: https://www.jade-hs.de/fachbereiche/mit/mit0/ (04.04.2016)

Jade Hochschule (2016e): Fachbereich Management, Information, Technologie; online abgerufen: https://www.jade-hs.de/fachbereiche/mit/mit-studiengaenge/medienwirtschaft-und-journalismus/studienverlauf/ (12.04.2016)

Kirstges, T. (2016): Gerechte Noten: zur Gestaltung von Notensystemen für die Beurteilung von Leistungen in Klausuren, Beitrag für den Jahresband 2016 des Fachbereichs Wirtschaft, mimeo

KMK – Kultusministerkonferenz (2014): Tabellenwerk: Vorausberechnung der Studienanfängerzahlen 2014 bis 2025; online abgerufen: http://www.kmk.org/fileadmin/Dateien/pdf/Statistik/Dokumentationen/Tabellenwerk_2014.pdf (12.12.2016)

Lamnek, S. (1995): Qualitative Sozialforschung. Bd. 1, Weinheim

Leppert, K., Koch, B., Brähler, E., Strauß B. (2008): Die Resilienzskala (RS) - Überprüfung der Langform RS-25 und einer Kurzform RS-13. Klinische Diagnostik und Evaluation, 2, 226–243

Mayer, H.O. (2013): Interview und schriftliche Befragung: Grundlagen und Methoden empirischer Sozialforschung, Berlin, 6. Auflage

MWK und Jade Hochschule (2014): Zielvereinbarung 2014-2018 zwischen dem Niedersächsischen Ministerium für Wissenschaft und Kultur sowie der Jade Hochschule Wilhelmshaven/Oldenburg/Elsfleth; online abgerufen: http://www.jade-hs.de/fileadmin/entwicklungsplanung/Zielvereinbarung_2014_bis_2018_unterschrieben.pdf (08.01.2015)

Schumacher, J., Leppert, K., Gunzelmann, T., Strauß, B., Brähler, E. (2005): Die Resilienzskala – Ein Fragebogen zur Erfassung der psychischen Widerstandsfähigkeit als Personenmerkmal. Zeitschrift für Klinische Psychologie, Psychiatrie und Psychotherapie, 53, 16–39

Spitzer, M. (2012): Digitale Demenz, München

Terbuyken, G. (2005): Der Langzeitstudent – das unbekannte Wesen? – Daten zu Langzeitstudierenden des Studiengangs Sozialwesen an der Evangelischen Fachhochschule Hannover, online abgerufen: http://www.eal.terbuyken.net/Langzeitstudierende_Text.pdf (23.06.2015)

Witzel, A. (1985): Das problemzentrierte Interview. In Jütteman, G. (Hrsg.): Qualitative Forschung in der Psychologie, Weinheim, 227-255

Anhang

Anhang 1: Leitfaden der qualitativen Interviews für die Gruppe der Überschreiter und Langzeitstudierenden

---

Einleitung

Begrüßung, Vorstellen der Interviewerin bzw. des Interviewers

Um die Ursachen eines Überschreitens der Regelstudienzeit zu erörtern, zu definieren und aus den Ergebnissen Handlungsempfehlungen zu deren Behebung abzuleiten, möchte ich/möchten wir gerne dieses Interview mit Ihnen führen. Vielen Dank, dass Sie sich Zeit nehmen, um nachfolgende Fragen zu beantworten.

Hinweis auf das Forschungsprojekt: Das Interview dient dazu, im Rahmen eines Forschungsprojektes Verbesserungspotenziale in der Organisation des Hochschulstudiums auszuloten. Hierzu können Sie mit Ihrer Expertise als Betroffene(r) beitragen.

Da ich/wir Ihre Aussagen im Rahmen dieses Forschungsprojektes über die „Ursachen eines Überschreitens der Regelstudienzeit" weiter auswerten möchte(n), würde(n) ich/wir das Gespräch gerne aufzeichnen. Die dort festgehaltenen Daten werden selbstverständlich vertraulich behandelt und es werden keine personenbezogenen Informationen nach außen gegeben.

Sind Sie damit einverstanden?

    „JA"   *„NEIN"*

    ↓

Zunächst möchte(n) ich/möchten wir Ihnen den Ablauf des Interviews erklären. Wir/ich werden damit beginnen, einige Fragen über Ihr Studium /Ihren Studienverlauf zu stellen, um einzuordnen wo Sie gerade stehen. Danach möchte ich/möchten wir mehr über Ihre Art des Studierens erfahren und über die Dinge, die Ihnen möglicherweise Schwierigkeiten bei Ihrem Studium bereitet haben, oder über die Dinge, die Sie als sehr hilfreich und gut empfunden haben; es ist wichtig für uns, etwas über Ihr persönliches Erleben des Studiums zu erfahren. Es gibt bei meinem/unserem Interview folglich kein richtig oder falsch; wichtig ist mir/uns Ihre Sicht der Dinge. Gerne nehme(n) ich/wir Vorschläge zur Optimierung des Studienangebotes der Jade Hochschule entgegen. Abschließen werde(n) ich/wir mit der Abfrage einiger persönlicher Merkmale wie z. B. Alter, Geschlecht, Studiengang etc.

Damit im Laufe des Interviews keine wichtigen Fragen vergessen werden, habe(n) ich/wir diesen Leitfaden erstellt [*zeigen!*].

Des Weiteren möchte(n) ich/wir Ihnen noch einmal bewusst machen, dass ich/wir nicht die Absicht habe(n), Ihnen mit diesem Interview in irgendeiner Weise zu nah zu treten, sondern vielmehr bin ich/sind wir an Ihrer Sicht der Dinge interessiert, um diese zur Verbesserung der Studienbedingungen zu nutzen.

Ist soweit alles für Sie verständlich, sodass ich/wir das Interview beginnen kann/können?

„JA" „NEIN"

↓

Start des Interviews

→ *Einleitungsfrage „Wie gut war Ihr Studium? Wurden Ihre Erwartungen erfüllt?"*

Studium – Einleitung

1) Selbstwahrnehmung: Wie würden Sie den Verlauf Ihres Studiums selbst beschreiben? Verläuft alles glatt oder enthält es viele Hürden?
2) Können Sie dies auf einer Skala von 1 bis 10 darstellen (1=alles glatt; 10=sehr viele Hürden)
3) In welchem Fachsemester befinden Sie sich jetzt?
4) Wie viele Scheine fehlen Ihnen noch bis zum Abschluss Ihres Studiums?
5) Welche Scheine fehlen Ihnen noch?
6) Würden Sie sagen, dass diese Scheine zu den Scheinen zählen, die Studierende als Hürden im Studienverlauf ausmachen?
7) Sind Sie durch Module, die Sie laut Studienverlaufsplan schon hätten schreiben sollen, eher durchgefallen oder haben Sie diese eher freiwillig geschoben?

„durchgefallen" *„geschoben"*

↓

1) Können Sie einen ungefähren Zeitpunkt bestimmen, wann Sie nicht mehr alle eigentlich gewünschten Scheine absolviert haben?
2) Ggf. kann und soll die Interviewpartnerin bzw. der der Interviewpartner hier ihre bzw. seine Studiengestaltung beschreiben.

Art des Lernens

Hinweis an Interviewende(n): Die Fragen dienen der Strukturierung, sollen aber nicht den Gesprächsfluss unterbinden.

1) Wie würden Sie Ihre Art des Lernens beschreiben? Haben Sie eine bestimmte Art zu lernen?
2) Lernen Sie lieber alleine oder bevorzugen Sie Lerngruppen?
   a. Ist es für Sie leicht, Lerngruppen zu bilden? Sehen Sie dort irgendwelche Schwierigkeiten?
3) Lernen Sie grundsätzlich in einer bestimmten Umgebung? [zuhause, FH, WG etc.]
4) Welche Lernmaterialien stehen Ihnen zur Verfügung und wie setzen Sie diese ein?
5) Nutzen Sie die empfohlenen Lehrbücher zur Erarbeitung des Lernstoffes?
   a. Üben Sie mithilfe dieser besonders schwierige Bereiche wie Rechnungen etc.?

6) Nehmen Sie die angebotenen Tutorien oder vereinbarte Sprechstunden mit Ihren Professoren wahr? Und gibt es für alle Fächer, in denen Sie es präferieren würden, passende Tutorien?

7) Würden Sie sagen, dass Sie aus Ihrer Sicht effektiv beim Lernen vorgehen und alle Lernmöglichkeiten nutzen?

8) Können Sie dies auf einer Skala von 1 bis 10 darstellen (1=hoch effektiv; 10=nicht wirklich effektiv)

9) Würden Sie sagen, dass in einigen Fächern Vorwissen unterstellt oder vorausgesetzt wird, das Sie nicht mitbringen?

10) Wenn ja, welcher Art war das fehlende Vorwissen? Und wie gehen Sie damit um? Was unternehmen Sie, wenn Sie nicht mehr mitkommen im Stoff?
(Mögliche Gesprächsrichtungen: *„Mathematikvorwissen", „Deutschvorwissen", „Theorieverständnis"?*

11) Was würden Sie als Hemmnisse/Hürden benennen, die den flüssigen, glatten Verlauf Ihres Studiums vielleicht eingeschränkt haben?

➔ *Mögliche Ursachen, auf welche man eingehen könnte. Je nachdem was die Studentin bzw. der Student äußert, können die einzelnen Punkte vertieft und näher erörtert werden.*

- Breites Interesse/hohes Engagement
- Familie und zeitintensive Hobbies
- Schwierigkeit und Problematik der Fächer („Angstscheine")
- Menge und Terminierung der Vorlesungen oder Prüfungen
- Nebentätigkeit, welche viel Zeit und Kraft kostet, auf die jedoch aus finanzieller Sicht nicht verzichtet werden kann
- Fehlende Identifikation mit den Studieninhalten
- Das Studium ist nicht der Lebensmittelpunkt der bzw. des Studierenden
- Hohe psychische Belastung
- Persönliche Eigenschaft (kein Sinn für Selbst- und Zeitmanagement)
- Krankheiten oder Prüfungsangst führten zu Verzögerungen
- Soziale Probleme/Alleingängerin bzw. Alleingänger/fehlender Anschluss

Allgemeine Fragen

1) Kennen Sie andere Studierende, die voraussichtlich die Regelstudienzeit deutlich überschreiten werden?

„JA"   *„NEIN"*

↓

2) Sind diese Personen in Ihrem Freundeskreis zu finden? Haben Sie viel mit Ihnen zu tun?

3) Würden Sie sagen, der Kontakt mit ihnen motiviert/demotiviert Sie oder verleitet Sie selbst dazu, effektiver/ineffektiver zu lernen; sich schneller und intensiver mit Studieninhalten auseinanderzusetzen/die Auseinandersetzung mit den Inhalten *aufzuschieben?*

4) *Nennen Sie bitte einige Hilfestellungen, die Sie sich gewünscht hätten, um Ihr Studium nach Ihren Vorstellungen gestalten zu können.*

5) Was würden Sie aus heutiger Sicht anders machen, wenn Sie die Möglichkeit hätten?

6) Haben Sie die Hilfestellungen, die von der Hochschule und anderen Hilfsstellen angeboten wurden, genutzt (Hilfestellungen benennen!)?

„JA"   *„NEIN"*

↓

7) Was hat verhindert, dass Sie diese Hilfestellungen wahrnehmen konnten?

Wir werden Sie jetzt noch nach einigen persönlichen Angaben fragen, um die Ergebnisse der Interviews besser in einen Vergleich bringen zu können. Wir können so festhalten, wie viel Prozent der zum Beispiel 20- bis 25-Jährigen bestimme Aspekte aufweisen oder Ähnliches.

Persönliche Angaben

- Geschlecht
- Alter
- Abitur
- Bundesland der Hochschulzugangsberechtigung
- Ausbildung
- Studiengang
- Fachsemester
- Studiengangswechsel
- Studienabbruchsabsicht (ja/vielleicht/nein)
- Studienzufriedenheit (Skala)
- Ziele und Perspektiven für die Zukunft
- Kinder/Pflegebedürftige vorhanden (ja/nein, ggf. Anzahl)

→ *Gibt es von Ihrer Seite aus noch irgendwelche Fragen oder Dinge die Sie gerne anmerken würden?*

Verabschiedung, Danksagung

Einleitung

Begrüßung, Vorstellen der Interviewerin bzw. des Interviewers

Um die Ursachen eines Überschreitens der Regelstudienzeit zu erörtern, zu definieren und aus den Ergebnissen Handlungsempfehlungen zu deren Behebung abzuleiten, möchte ich/möchten wir gerne dieses Interview mit Ihnen führen. Vielen Dank, dass Sie sich Zeit nehmen um nachfolgende Fragen zu beantworten.

Hinweis auf das Forschungsprojekt: Das Interview dient dazu, im Rahmen eines Forschungsprojektes Verbesserungspotenziale in der Organisation des Hochschulstudiums auszuloten. Hierzu können Sie mit Ihrer Expertise als Betroffene(r) beitragen.

Da ich/wir Ihre Aussagen im Rahmen dieses Forschungsprojektes über die „Ursachen eines Überschreitens der Regelstudienzeit" weiter auswerten möchte(n), würde(n) ich/wir das Gespräch gerne aufzeichnen. Die dort festgehaltenen Daten werden selbstverständlich vertraulich behandelt und es werden keine personenbezogenen Informationen nach außen gegeben.

Sind Sie damit einverstanden?

> „JA"   „NEIN"
>
> ↓

Zunächst möchte(n) ich/möchten wir Ihnen den Ablauf des Interviews erklären. Wir/ich werden damit beginnen, einige Fragen über Ihr Studium /Ihren Studienverlauf zu stellen, um einzuordnen wo Sie gerade stehen. Danach möchte ich/möchten wir mehr über Ihre Art des Studierens erfahren und über die Dinge, die Ihnen möglicherweise Schwierigkeiten bei Ihrem Studium bereitet haben, oder über die Dinge, die Sie als sehr hilfreich und gut empfunden haben; es ist wichtig für uns, etwas über Ihr persönliches Erleben des Studiums zu erfahren. Es gibt bei meinem/unserem Interview folglich kein richtig oder falsch; wichtig ist mir/uns Ihre Sicht der Dinge. Gerne nehme(n) ich/wir Vorschläge zur Optimierung des Studienangebotes der Jade Hochschule entgegen. Abschließen werde(n) ich/wir mit der Abfrage einiger persönlicher Merkmale wie z. B. Alter, Geschlecht, Studiengang etc.

Damit im Laufe des Interviews keine wichtigen Fragen vergessen werden, habe(n) ich/wir diesen Leitfaden erstellt [*zeigen!*].

Des Weiteren möchte(n) ich/wir Ihnen noch einmal bewusst machen, dass ich/wir nicht die Absicht habe(n), Ihnen mit diesem Interview in irgendeiner Weise zu nah zu treten, sondern vielmehr bin ich/sind wir an Ihrer Sicht der Dinge interessiert, um diese zur Verbesserung der Studienbedingungen zu nutzen.

Ist soweit alles für Sie verständlich, sodass wir das Interview beginnen können?

„JA"   „NEIN"

↓

Start des Interviews

→ *Einleitungsfrage „Wie gut war Ihr Studium? Wurden Ihre Erwartungen erfüllt?"*

Studium – Einleitung

1) Selbstwahrnehmung: Wie würden Sie den Verlauf Ihres Studiums selbst beschreiben? Verläuft alles glatt oder enthält es viele Hürden?
2) Können Sie dies auf einer Skala von 1 bis 10 darstellen (1=alles glatt; 10=sehr viele Hürden)
3) Sind Ihnen mögliche Gründe dafür bekannt, dass andere Studierende eine Reihe hoher Hürden im Studienverlauf sehen und diese für ein Überschreiten der Regelstudienzeit mitverantwortlich machen?

   „Ja"   *„Nein"*

   ↓

4) Welche Hürden werden häufiger unter Studierenden genannt?
5) Haben Sie mögliche Lösungsansätze zum Überwinden dieser Hürden? Oder können Sie sich vorstellen, welche Aspekte die Hochschule besser gestalten könnte?

Art des Lernens

Wir würden gerne mehr dazu erfahren, wie Sie den flüssigen Studienverlauf gemeistert haben und würden Ihnen daher gern einige Fragen zu Ihrer Lernmethodik stellen.

ACHTUNG! Nicht alle Fragen relevant, die bzw. der Studierende kann gern auch selbst beschreiben wie sie/er vorgeht.

1) Wie würden Sie Ihre Art des Lernens beschreiben? Haben Sie eine bestimmte Art zu lernen?
2) Lernen Sie lieber alleine oder bevorzugen Sie Lerngruppen?
   a. Ist es für Sie leicht, Lerngruppen zu bilden? Sehen Sie dort irgendwelche Schwierigkeiten?
3) Lernen Sie grundsätzlich in einer bestimmten Umgebung? [zuhause, FH, WG etc.]
4) Welche Lernmaterialien stehen Ihnen zur Verfügung und wie setzen Sie diese ein?
5) Nutzen Sie die empfohlenen Lehrbücher zur Erarbeitung des Lernstoffes?
   a. Üben Sie mithilfe dieser besonders schwierige Bereiche wie Rechnungen etc.?
6) Nehmen Sie die angebotenen Tutorien oder vereinbarte Sprechstunden mit Ihren Professoren wahr? Und gibt es für alle Fächer, in denen Sie es präferieren würden, passende Tutorien?
7) Würden Sie sagen, dass Sie aus Ihrer Sicht effektiv beim Lernen vorgehen und alle Lernmöglichkeiten nutzen?

8) Können Sie dies auf einer Skala von 1 bis 10 darstellen (1=hoch effektiv; 10=nicht wirklich effektiv)

Wir werden Sie jetzt noch nach einigen persönlichen Angaben fragen, um die Ergebnisse der Interviews besser in einen Vergleich bringen zu können. Wir können so festhalten, wie viel Prozent der zum Beispiel 20- bis 25-Jährigen bestimme Aspekte aufweisen oder Ähnliches.

Persönliche Angaben

- Geschlecht
- Alter
- Abitur
- Bundesland der Hochschulzugangsberechtigung
- Ausbildung
- Studiengang
- Fachsemester
- Studiengangswechsel
- Studienabbruchsabsicht (ja/vielleicht/nein)
- Studienzufriedenheit (Skala)
- Ziele und Perspektiven für die Zukunft
- Kinder/Pflegebedürftige vorhanden (ja/nein, ggf. Anzahl)

→ *Gibt es von Ihrer Seite aus noch irgendwelche Fragen oder Dinge, die Sie gerne anmerken würden?*

Verabschiedung, Danksagung

EvaSys	Studie zur Einhaltung der Regelstudienzeit	Electric Paper
		JADE HOCHSCHULE

Bitte so markieren: ☐ ☒ ☐ ☐ ☐ Bitte verwenden Sie einen Kugelschreiber oder nicht zu starken Filzstift. Dieser Fragebogen wird maschinell erfasst.

Korrektur: ☐ ■ ☐ ☒ ☐ Bitte beachten Sie im Interesse einer optimalen Datenerfassung die links gegebenen Hinweise beim Ausfüllen.

1. Studienverlauf

		1	2	3	4	5	6	
1.1	Wie zufrieden sind Sie persönlich mit Ihrem Studienverlauf? sehr gut	☐	☐	☐	☐	☐	☐	ungenügend
1.2	Wie bewerten Sie den Schwierigkeitsgrad Ihres Studiums? sehr leicht	☐	☐	☐	☐	☐	☐	sehr schwer

1.3 Wieviele Module fehlen Ihnen noch bis zum Abschluss? (wenn nicht bekannt, bitte schätzen)

[   ]

1.4 Haben Sie Ihr Praxissemester bereits absolviert?
☐ ja   ☐ nein   ☐ nicht notwendig

1.5 Haben Sie ein Auslandssemester absolviert?   ☐ ja   ☐ nein

1.6 Welchen Anteil nimmt Ihr Studium in Ihrem Leben ein?
☐ 0-25 %   ☐ 25-50 %   ☐ 50-75 %
☐ 75-100 %

1.7 Wie wichtig ist es Ihnen, Ihr Studium so schnell wie möglich zu beenden?   sehr wichtig ☐   ☐   ☐   ☐ unwichtig

1.8 Wissen Sie, was Sie nach Ihrem Studium machen wollen?
☐ ja   ☐ nein

2. Lernverhalten

Welche der folgenden Aussagen trifft auf Sie zu?

2.1	Ich besuche regelmäßig die Vorlesungen.	trifft zu ☐	☐	☐	☐	trifft nicht zu
2.2	Ich bereite die Inhalte der Vorlesungen systematisch nach.	☐	☐	☐	☐	
2.3	Ich beginne schon während der Vorlesungszeit, den Stoff auswendig zu lernen.	☐	☐	☐	☐	
2.4	Wenn mir Vorwissen fehlt, hole ich das selbst nach.	☐	☐	☐	☐	
2.5	Ich besuche regelmäßig Tutorien.	☐	☐	☐	☐	
2.6	Ich greife auf andere Hilfestellungen der Fachbereiche oder der Hochschule zurück.	☐	☐	☐	☐	
2.7	Ich erhalte von der Hochschule alle relevanten Informationen über mein Studium.	☐	☐	☐	☐	
2.8	In der Hochschule schaue ich mind. alle 15 Minuten auf mein Handy.	☐	☐	☐	☐	

3. Einhaltung der Regelstudienzeit

3.1 Haben Sie alle Module entsprechend Ihres Studienverlaufplans bestanden?
☐ ja   ☐ nein   ☐ weiß nicht

3.2 Wenn Sie "ja" angekreuzt haben: **Springen Sie zum Fragenblock 4 weiter.**
Wenn Sie "nein" oder "weiß nicht" angekreuzt haben, beantworten Sie bitte folgende Frage:
Welche der folgenden Aussagen trifft auf Sie zu? Ich habe Module...

☐ geschoben.   ☐ nicht bestanden.   ☐ geschoben und nicht bestanden.

3. Einhaltung der Regelstudienzeit [Fortsetzung]

Ich habe Module geschoben oder bin durchgefallen, weil...

		trifft zu				trifft nicht zu
3.3	...ich Angst vor ihnen habe.	☐	☐	☐	☐	
3.4	...ich keine Lust auf sie habe.	☐	☐	☐	☐	
3.5	...die Klausuren zu eng terminiert sind.	☐	☐	☐	☐	
3.6	...mir die Menge der Prüfungen zu viel ist.	☐	☐	☐	☐	
3.7	...mir ein guter Notendurchschnitt wichtig ist.	☐	☐	☐	☐	
3.8	...ich zu spät mit dem Lernen anfange.	☐	☐	☐	☐	
3.9	...ich den Stoff nicht verstehe.	☐	☐	☐	☐	
3.10	...die Stoffmenge zum Auswendiglernen zu viel ist.	☐	☐	☐	☐	
3.11	...ich einfach faul bin.	☐	☐	☐	☐	

4. Wir interessieren uns für mögliche Gründe, die das Studium beeinflussen könnten.

Welche der folgenden Merkmale treffen für Ihren Studienverlauf zu? (Mehrfachnennungen möglich)

4.1	Studiumsbezogene Nebentätigkeit	☐ ja	☐ nein
4.2	nicht studiumsbezogene Nebentätigkeit	☐ ja	☐ nein
4.3	Finanzierungsproblem	☐ ja	☐ nein
4.4	Kind(er) / Pflegebedürftige	☐ ja	☐ nein
4.5	lange Anfahrtswege	☐ ja	☐ nein
4.6	lange Wochenendheimfahrten	☐ ja	☐ nein
4.7	Krankheiten / Unfälle	☐ ja	☐ nein
4.8	Prüfungsangst	☐ ja	☐ nein
4.9	psychische Belastungen	☐ ja	☐ nein

5. Allgemeine Fragen

5.1 Ich bin   ☐ weiblich   ☐ männlich

5.2 Altersangabe in Zahlen:

[   ]

5.3 Welche Art von Hochschulzugangsberechtigung haben Sie erworben?
☐ Abitur   ☐ Fachhochschulreife   ☐ Sonstiges

5.4 Abschlussnote Ihrer Hochschulzugangsberechtigung (Bitte Zahl eintragen und ggfls.schätzen.)

[   ]

5.5 Haben Sie bereits im Vorfeld eine Berufsausbildung abgeschlossen?
☐ ja   ☐ nein

5.6 Ich bin im Studiengang:
☐ Wirtschaft   ☐ Tourismuswirtschaft   ☐ Medienwirtschaft und Journalismus

☐ Sonstiges

5.7 Im wievielten Fachsemester befinden Sie sich?

☐ unter 3.	☐ 3.	☐ 4.
☐ 5.	☐ 6.	☐ 7.
☐ 8.	☐ 9.	☐ 10.
☐ 11.	☐ 12.	☐ 13.
☐ 14.	☐ 15.	☐ mehr als 15.

5.8 Im wievielten Hochschulsemester befinden Sie sich?

☐ unter 5.	☐ 5.	☐ 6.
☐ 7.	☐ 8.	☐ 9.
☐ 10.	☐ 11.	☐ mehr als 11.

Herzlichen Dank für Ihre Mitwirkung!

Zeitfracht Medien GmbH
Ferdinand-Jühlke-Straße 7
99095 Erfurt, Deutschland
produktsicherheit@kolibri360.de